자유대연합당이 온다

자유시민 정치혁명의 길

자유대연합당이 온다

2021년 2월 8일 초판 1쇄 펴냄

저자 / 김대호

펴낸이/ 길도형
편집/ 이현수
펴낸곳/ 타임라인
출판등록 제406- 2016- 000076호
주소/ 경기도 고양시 일산서구 덕산로 250
전화/ 031- 923- 8668 팩스/ 031- 923- 8669
E- mail/ jhanulso@hanmail.net

ISBN 978- 89- 94627- 89- 2 03340

자유대연합당이 온다

자유시민
정치혁명의 길

김대호

타임라인

서문

　지금 대한민국에 밀어닥친 위기는 기본적으로 우리의 물질문명과 경제·기술의 발전 수준에 비해, 국민의 생각과 행동을 규율하는 정신문화와 법제도의 두드러진 지체에서 온다. 위기의 핵심은 글로벌 경쟁 체제에서 죽고 사는 경제·기업·기술과 달리 독과점에 안주하는 정치·정당·이념의 지독한 발전·발육 지체다. 한 마디로 권력의 명실상부한 주인으로 부상한 다수 대중을 지배하는 역사인식, 정신문화, 철학가치, 정치지형, 법제도·정책의 후진성에 있다. 이것은 1987년 헌정체제에 의해 지탱되고 재생산된다. 그러므로 대한민국의 존망을 가르는 절체절명의 과제는 크게 변화한 국내외 정치경제 환경과도 충돌하고, 화석화한 운동권 정권에 의해 그 모순과 취약성이 극명하게 드러난 1987년 헌정체제를 재건축하는 일이다. 다시 말해서 수명이 다한 낡은 헌정체제를 혁파하여 세계 보편적 상식과 양심을 골조로 한 새로운 헌정체제를 구축하는 일이다. 하지만 이 헌정체제는 헌법과 선거법만 고친다고 만들어지는 것이 아니다. 역사인식, 정신문화, 철학가치, 정치지형과 법제도·정책, 정치 리더십을 보편 상식과 양심에 맞게 다 뜯어고쳐야 한다.

부분적 개선이 전체적인 퇴행으로 귀결되는 일이 다반사인 지금의 대한민국은 종합적이고 체계적인 국가비전, 즉 제대로 된 강령 없이는 다방면에서 쓰나미처럼 밀어닥치는 위기를 타개해 나갈 수 없다. 자유민주주의, 시장경제, 한미동맹 강화, 연방제 통일 반대, 주사파·수구 좌파 척결, 자유 통일 만세 등을 줄기차게 외친다고 해서 조선행 급행열차를 멈춰 세울 수는 없다. 정치·정책적 지혜와 양심을 집약한 국가비전=정강정책을 단단히 움켜쥔 정치 지도자와 정치결사가 우뚝 서야 한다. 그래야 국민 다수에게 감동과 기대를 불러일으킬 수 있고, 문 정권의 폭정과 실정에 분노하지만 보수·자유·우파에도 깊이 실망한 국민들의 지지와 신뢰를 얻을 수 있다.

대한민국 주요 정당의 강령은 문제를 읽지 않고 쓴 답이나 다름없다. 민족사의 명암과 정치 지도자의 공과를 균형적으로 보지 않으니 역사에 대한 성찰이 없다. 독특하고 복잡다단한 한국 현실에 대한 통찰도 없다. 난마처럼 얽힌 국가적 현안 문제의 실체와 본질, 구조와 연관에 대한 분석도 없고, 주·객관적인 조건을 타산한 선택·집중 전략도 없다. 오만가지 증상, 불만, 요구, 희망 사항만 늘어놓았 뿐이다. 좋은 말 대잔치요, 모순적인 말들 투성이다. 부실한 강령은 법령, 정책, 예산, 인사는 말할 것도 없고, 정치인의 말과 시민운동까지 다 후지게 만든다. 본말이 완전히 전도된 정치, 이곳을 때리면 저곳이 튀어나오는 두더지잡기식 위기대처, 다람쥐 쳇바퀴 돌기식 정책, 곁가지 잡고 용쓰는 시민운동, 공(이슈) 따라 우르르 몰려다니며 싸우는 동네축구식 정쟁을 끝없이 반복하게 한다.

이에 오랫동안 1987년 헌정체제의 가능성과 한계를 천착하면서, 향후 대한민국이라는 열차의 플랫폼과 달려갈 레일, 즉 새로운 헌정체제를 연구·고민해 온 동지들과 도반道伴들의 구상을 정리하여 한 권의 책으로 발간하게 되었다.

원래 가치·이념과 전략·전술이 같은 사람은 단 한 사람도 없다. 권력이 제공할 젖과 꿀을 매개로 무리를 크게 짓는 것은 어렵지 않지만, 가치·이념을 공유하는 정치결사=당을 만드는 것은 대단히 어렵다. 2020년 12월 말 기준 대한민국에 45개 등록 정당과 7개 창준위가 있지만, 기본과 원칙이 바로 선 정당은 거의 없다. 역사에 대한 성찰, 현실에 대한 통찰, 문제에 대한 구조·연관 분석 등에 기초한 국가비전을 정립하고, 공유하는 것이 그만큼 어렵기 때문이다. 이 책을 발간하는 것은 가치와 이념이 완벽해서가 아니다. 생각을 당원과 지지층이 공유하고 정련하여, 다수 대중에게 널리 ... 있어야 ...

인간은 본래 1인 1당이라 하... ...도, 당의 혼魂이 바로 서 있고 애국심과 동지애가 살아 있...면 ...격의 없는 대화와 토론을 통해 얼마든지 생각과 행동의 통일...을 높여나갈 수 있다. 이 과정에서 당원과 지지층의 안목...이 ...지고 생각도 깊어진다. 물론 강령도 정련된다. 그런 점에서 이 ...은 자유, 보수, 우파, 애국 혹은 보편 상식, 양심, 중도 등으로 ...의 ...치적 정체성을 표현하는 열혈 시민들과 자...기연한 각... 기록 문자사...을 ...고 ...치, 정책 토론용 ...제 ...이다. 어떤 ... ...구을 만들 것인... 어떤 정치혁명 어떻게 할 것인가에 대한 김대호의 제안이다.

2021.01

개혁자유연합 정강정책소위 위원장
/ 사회디자인연구소 소장
김대호

목차

자유대연합 정당 출범 선언문 · 129

1장
자유대연합당의 강령 시안

자유대연합당의 믿음

나의 발전이 나라 융성의 근본이며 공익과 질서 존중, 능률과 실질 숭상이 새로운 헌정체제의 정신이며 건강한 가족, 자유·자치 정신에 투철한 시민, 도전 정신이 넘치는 기업가가 대한민국 발전의 동력임을 믿는다.

대한민국 생존과 번영의 관건은 선진문명 수입, 모방, 창조, 연대와 개인, 기업, 민간, 정부 차원의 세계경영과 인류공영에 대한 기여에 있다고 믿는다.

위대한 정신과 방법을 가진 정당과 정치 지도자가 국민적 지지와 신뢰를 받아 대한민국을 인도해야 위대한 나라를 만들 수 있다고 믿는다. 이런 믿음을 실현하기 위해 '지킬 것을 지키고 기릴 것을 기리는' 범 자유·보수·우파·애국 세력의 통합의 구심인 자유시민 정치조직 건설이 절심함을 믿는다.

자유대연합당의 전문과 10대 강령 시안

전문

우리는 앞선 세대의 고뇌와 지혜, 열정과 희생을 존중하고 미래세대에 대한 역사적 책무를 유념한다. 이승만의 드넓은 안목과 건국 정신, 박정희의 추진력과 개발 정신, 안창호의 무실역행 정신 등 위대한 지도자와 선각자들의 혼魂과 공功은 깊이 새기고, 그 과過와 역사적 한계는 치열하게 성찰하여 미래 창조의 지혜로 삼는다.

10대 강령

1. (국가 대전략) 우리는 변화·변덕이 갈수록 심해지는 한반도의 자연환경, 중국·러시아·일본 등 세계적 강국들에 둘러싸인 지정학적 조건, 핵 무력을 완성하고 적화 통일을 통해 생존을 도모하려는 북한과의 대치, 생명자원이 자급되지 않는 좁은 땅과 많은 인구, 그리고 민족사의 영광과 오욕을 직시하여 자연재앙과 전체주의적 외세로부터 강건한 나라를 만들어, 개인과 나라와 민족이 지구촌에서 인정받고 존중받는 시대를 연다. 대한민국

은 2차세계대전 이후 자유화, 산업화, 민주화와 산림녹화를 동시에 이룩하여, 유라시아 대륙을 휩쓴 전체주의를 막아낸 자랑스러운 자유민주주의 국가이자 선진국과 개도국의 가교 국가로서, 인류공영에 이바지하는 것이 대한민국의 자유와 번영의 길이다.

2. (외교 안보) 우리는 대한민국의 생존과 번영의 토대는 자유민주주의, 자유시장경제, 자강에 기초한 튼튼한 한미동맹에 있음을 확인하고 이를 지렛대로 삼아 미래지향적이고 실용주의적인 한·일, 한·중, 한·러, 한·아세안 협력 등을 조직하여 자유, 평화, 번영의 신아시아 질서를 구축한다. 국민개병제를 원칙으로 하되 의무 복무 기간은 줄이고, 지원병제를 확대하여 군의 과학화, 전문화, 효율화를 추진하고 국방 벤처산업을 육성한다. 군 경력은 경찰, 소방 등 치안, 안전 공무원 채용시 우대한다.

3. (북한 통일) 우리는 북한의 비핵화, 자유화, 민주화와 함께 대한민국을 월등히 부강하고 자유롭고 매력적인 나라로 만들어 한반도에 항구적인 자유, 민주, 평화, 공영 체제를 구축한다. 헌법과 인류애에 입각하여 자유, 민주, 평화 3원칙에 따른 한반도 통일을 추구한다. 자주 역량과 동맹 역량을 통한 핵 균형 정책으로 북핵 위협에 대처한다. 대북 군사적·경제적·사상적·문화적 우위를 바탕으로 남북 교류협력과 공생·공영을 추구하되, 그 어떤

경우에도 북한 수령체제에 의한 주민과 시장에 대한 통제력 강화에는 협력하지 않는다.

4. (정치 정부) 우리는 수명을 다한 1987년 헌정체제와 이를 만든 정신문화와 정치지형을 혁파하고, 새로운 헌정체제를 건설한다. 자신의 힘으로 자유와 권리를 지키는 자유정신을 기반으로, 보충성 원칙을 중심으로, 과잉·집중된 국가권력은 자유롭고 공정한 시장으로, 자조와 자치의 지방으로, 주민자치가 가능한 작은 공동체(마을)로 분산, 분권한다. 권력의 분산, 분권은 권한과 책임의 분산이요, 권한과 책임의 일치요, 권력기관 간 상호 견제와 균형의 실현이다. 특별히 정치와 정부는 인기 영합주의와 특수 이익집단으로부터 자유롭게, 경제와 시장은 부당한 국가규제와 과도한 불균형으로부터 자유롭게, 사회와 공동체는 전근대적 습속과 파편화, 원자화로부터 자유롭게 만든다. 자의적이고 과도한 국가규제와 형벌을 획기적으로 줄이고, 권력에 대한 견제와 균형을 내실화 하여 법의 지배(rule of law)를 정착시킨다. 독점과 특권의 본산이자 부당한 착취와 억압의 중심인 정부와 공공부문의 양반화, 상전화를 방지하기 위해 제반 행위를 최대한 공개(투명화)한다. 공공부문의 규모와 권능을 최소화(30% 축소), 유연화 한다. 특정 지역 및 특수학교 출신들의 국가기관 독점을 막고, 연공과 연고에 따른 인사관행을 철폐하기 위해 공무원과

공공기관의 임용, 승진, 보직, 감사, 근무형태, 임금, 연금 제도를 개혁한다.

5. (경제 노동) 우리는 기업이 국내 투자와 고용을 부담없이 늘리고 인재가 국내 창업과 민간기업 취업에 과감히 뛰어들도록 사회적 유인보상체계와 위험완충체계를 개혁한다. 창업과 채용은 용이하게, 고용과 임금은 유연하게, 격차는 공정하게, 사회안전망은 튼실하게, 세금과 연금은 적정하게, 근로윤리와 직업윤리는 엄정하게 한다. 이를 위해 권리와 권리, 권리와 의무, 혜택과 부담, 권한(자유)과 책임, 위험과 이익, 죄와 벌 간의 균형을 잡는다. 국가와 시민, 공공과 민간, 지방정부와 주민, 공급자와 소비자, 원청(갑)과 하청(을), 노동과 자본 등 모든 이해당사자간의 상호 선택권과 거부권의 균형(무기의 대등성)을 잡고 동시에 자유권과 평등권, 재산권과 노동권, 교사 권리와 학생 권리 등 제반 권리와 권리, 권리와 의무의 균형을 잡는다. 파탄 난 소득주도성장 전략을 폐기하고 자유·시장 주도, 개척·개방 주도, 유효수요 고도화·산업화 주도 성장 전략을 근간으로 삼는다. 발전 잠재력은 넘치지만 불합리한 규제로 옥죄어 놓은 금융, 교육, 의료, 엔터테인먼트 산업과 과도한 보호 지원으로 왜곡된 농생명산업 발전에 힘쓴다. 법인세, 상속세, 재산세, 취등록세, 건강보험료 등 각종 세금과 사회보험료를 합리적으로 조정한다. 특별히 약탈적 기업 상

속세와 재산세는 대폭 인하한다. 탈원전 정책 폐기와 태양광 관련 부정비리를 규명한다.

진입도 어렵고 퇴출도 어려운 사회가 아니라 진입도 쉽고, 퇴출도 쉽고, 사다리와 징검다리는 어디나 놓여 있어 패자부활전이 용이한, 오직 실력에 따라 그 지위와 역할이 정해지는 공정하고, 유연하고, 역동적인 사회를 만든다. 현세대와 청년·미래세대, 공공과 민간의 격차를 중향평준화를 목표로 축소한다. 비정규직 없는 세상이 아니라 비정규직이어도 억울하지 않고 살 만한 세상을 만든다.

6. (복지) 우리는 '중부담 저복지'의 가렴주구苛斂誅求 국가를 '중부담 중복지'의 지속가능하고 정의로운 복지국가로 바꾼다. 가구 중위소득을 기준으로 미달하는 부분의 50%(보충급여)를 '선지급 후정산'하는 '안심소득'을 도입하고, 이를 토대로 노동개혁, 공공개혁, 규제개혁, 복지개혁을 추진한다. '관존민비'형 공무원연금제도와 인구가 급감한 후세대에 과중한 부담을 떠넘기는 '세대착취'형 국민연금제도를 개혁한다. 세계 최악의 저출산 고령화를 타개하기 위해, 결혼과 출산과 육아 장벽을 획기적으로 제거하기 위해 신혼부부에 대한 조건부 정부 대출(1억 원) 제도를 도입하되, 자녀 1명이면 이자 면제, 2명이면 반액 탕감, 3명이면 전액 면제한다.

7. (지방자치) 우리는 지방이 자신의 처지와 특장점을 약진의 발판으로 삼을 수 있도록 지방 자치권을 확대 강화한다. 광역 지방자치단체는 연방국가의 주정부처럼 경제, 노동, 복지, 교육, 조세, 재정 관련 제도·정책의 자율권을 갖도록 권한과 책임을 더 크게, 기초지방자치단체는 실질적인 주민자치(감시, 참여, 통제)가 가능하도록 지금보다 훨씬 작고 유연하게, 교통과 에너지 등 각종 공공서비스 공급은 최대한 시장을 활용한다. 동시에 서울, 수도권, 대도시, 산업도시에 집중된 경제·재정력 격차를 조정한다.

8. (주택·부동산) 우리는 서울·수도권의 과밀, 혼잡, 주택난, 주거비, 부동산 가격폭등 문제 등은 기본적으로 지방의 인구·기업 흡인력과 기회·희망 창출력의 저하로 인해 생긴 문제로 보고, 지방이 자신의 처지를 약진의 발판으로 삼아 인구·기업 흡입력을 키우는 법제도 개혁을 중심으로 서울·수도권 집중을 해소한다. 이를 전제로 서울·수도권은 도심 고밀도 개발(낮은 건폐율과 높은 용적율), 실효성 없는 대도시 주변 그린벨트 규제 등을 조정하고, 생애주기와 변화한 생활양식에 맞는 주택을 공급한다. 결혼과 신혼부부의 자가 소유 촉진을 위해 금융권의 장기대출(모기지론) 제도를 활성화한다. 저소득 신혼부부와 저소득 유자녀 가정에 대한 특별한 배려(공공임대주택과 정부 보증론)는 지속한다. 자가보유율 60~70%와 적정한 공공임대주택 재고 확보는 내

려놓을 수 없는 목표이다.

9. (교육) 우리는 교육과정의 개인·산업·지방 맞춤화를 위해 학교의 자율화, 교육규제의 지방화, 수요자 참여를 확대 강화한다. 국공립학교는 국공립답게, 사립학교는 사립답게 만든다. 이를 위해 사립학교에 대한 정부의 지원을 최소화 하고, 자율권은 최대화 한다. 직업 교육, 인생 2·3모작 교육, 평생 교육 과정을 대폭적으로 늘리고, 내실화하여 개인(생애주기)과 기업과 사회의 수요에 맞추도록 한다. 고등학교만 졸업해도 살 만한 세상을 만든다. 한국 역사를 세계와 동아시아 역사 속에서 이해하도록 역사·지리 교육과정을 개편한다. 교육자치와 행정자치를 통합한다. 저출산 쓰나미에 노출된 대학들이 구조조정을 원활히 추진할 수 있도록 한다.

10. (정신문화) 우리는 올바른 역사인식과 냉철한 현실인식이 선진적 정신문화와 사상이념의 바탕임을 믿는다. 대한민국 민주주의에 대한 자만과 대한민국이 이룩한 빛나는 성과에 대한 자학에 맞서 싸운다. 기적의 역사를 만든 우리의 저력과 정신·방법에 대한 무시와 파괴를 좌시하지 않는다. 조선, 일제시대와 대한민국 건국, 산업화, 민주화의 빛과 그늘을 사실적, 종합적, 균형적으로 조명하여 빛은 자부심의 원천으로, 그늘은 성찰과 분발의

계기로 만든다. 역사를 보는 프레임을 바꾼다. 허구와 과장으로 점철된 국수주의적 사관과 민족독립운동사 중심에서 자유, 평등, 민주, 공화, 재산권, 인권, 생산력 발전사를 중심으로 역사를 바라보는, 보편 문명사관 중심으로 전환한다. 따라서 친일 청산보다 조선 청산이 먼저며, 조선 망국사·실패사·잔혹사에 대한 성찰과 반성이 위기 극복과 미래 창조의 초석이라고 믿는다.

우리는 애국미래세력과 보편 이성·양심 세력의 대동단결로 위선, 독선, 거짓, 무능, 남 탓만 능한 수구 퇴행 건달 좌파와 주사파를 척결한다. 동시에 소명을 잊고 반사 이익에 안주하는 기회주의적인 가짜 보수우파를 청산한다. 혼과 얼이 살아 있고, 비전과 정책이 튼실하고, 교육과 토론이 활발하며, 당원의 권리와 의무가 균형 잡힌 선진 정당을 건설하여 이 모든 반역, 기회주의 세력을 척결, 청산한다.

자유대연합당의 비전 하우스 시안

자유와 희망이 넘치는 나라

외교 안보
- 해양문명과 연대 (한일협력강화)
- 9.19 군사합의 폐기
- 북핵 B플랜과 남북 핵균형
- 군 지원병제

정치사법 지방자치
- 상하원제 도입 및 대통령제 폐지
- 연방의 State수준의 분권화 및 Town수준의 주민 자치
- 쓰레기법령 폐기
- 정당 국고보조금철폐

정부 공공
- 공공부문 30% 축소
- 공무원급여법 제정 및 계약직 원칙
- 공무원 연금 개혁

경제 노동 복지
- 규제개혁배심원단
- 안심소득제
- 탈원전폐기
- 기업상속세 폐지
- 신혼부부 조건부 대출

교육
- 직업교육과정 강화
- 교육자치 행정자치 통합 및 교육규제 지방화
- 대학구조조정

세계경영
- 산업한류(해외진출)
- 후발국과 공생발전 위한 민간종합상사
- 세계사와 동아시아 역사·지리교육 내실화

| 살아있는 혼 | 숙성된 국가 비전 | 교육토론과 일상 활동 | 당원증이 자랑스런 당원주권 정당 |

| 역사에 대한 책임 | 성 밖 서민에 대한 책임 | 미래 세대에 대한 책임 |

자유에 대한 책임

2장
자유대연합당의 위기 인식

대한민국은 6.25 이후 수많은 위기를 겪었지만 지금처럼 국가의 생존과 번영, 국민의 자유와 행복, 사회의 신뢰와 통합, 정치의 변화와 개혁 인도引導 능력에 대한 기대와 희망을 뿌리채 흔드는 위기가 한꺼번에 밀어닥친 적은 없었다. 생태환경 위기, 외교안보 위기, 민주주의 위기, 경제고용 위기, 지속가능성 위기, 사회통합 위기, 정신문화 위기, 정치 위기, 변화와 개혁 가능성에 대한 체념과 절망 등 하나하나가 치명적인 위기들이 한꺼번에 밀어닥치고 있다. 대한민국이 이 준엄한 도전을 이겨내지 못한다면 20세기 세계사적 기적을 창조한 산업대국이자 민주공화국인 대한민국이 전쟁이나 자연재앙을 겪지 않고도 안보자폭, 외교자폐, 경제자살, 고용학살, 법치파괴, 미래세대 약탈, 공동체의식 붕괴와 국민정신 타락 등으로 자멸하는 참담한 역사를 쓰게 될 것이다.

생태환경 위기

생태환경 위기는 전지구적 기후변화, 해수면 상승, 영구 동토층의 융해, 사막의 확장, 잦은 이상 고온과 저온, 더 잦아지고 강해지는 풍수해(가뭄, 홍수, 태풍 등), 바다-강-대지(토양)-대기의 오염(미세먼지 등), 생물의 대량 멸종, 자연자원 고갈 등으로 분출하면서 인류의 생존과 문명을 뿌리째 흔들고 있다. 이는 산업혁명 이후 250년에 걸쳐 전지구를 지배한 물질문명과 최근 30년간 급격히 진행된 중국의 산업화 등에서 기인하기에 좀체 제어하기 어렵다. 그런데 문재인정부는 멀쩡한 숲을 태양광 패널로 덮고, 4대강 보를 훼손하고, 꼼수 공론화 절차에 근거한 반민주적이고 비이성적인 탈원전 정책으로 생태환경 위기를 심화시키고, 미래 성장 동력을 재기불능으로 훼손하고 있다. 생태환경 위기는 기본적으로 전인류적 과제로서 초국가적 대응이 필요한데, 문 정부는 이를 모르쇠하거나 완전히 역행한다.

외교안보 위기

외교안보 위기는 중국의 급부상과 거친 패권 전략에 따라 임진왜란, 청일전쟁, 러일전쟁, 분단과 6.25전쟁으로 폭발한 한반도 특유의 지정학적 위험으로 나타나고 있다. 설상가상으로 북한 핵과 미사일 위협은 해결의 기미가 보이지 않는데, 문재인정부는 한미동맹과 한일관계를 훼손하여 외교적 고립을 자초하고 있다. 핵무력을 완성한 북한으로부터의 안보 위협은 심화되고 있다. 문 정부는 북한이 남북 상호 존중과 협력에 나서는 기미가 전혀 없는데도, 평화와 협력만 부르짖으며 북바라기가 되어 버렸다. 이제 대한민국은 남한 주도 통일은커녕, 노예(조공) 평화와 적화통일의 공포와 싸워야 할 판이다.

국민들도 진보와 보수를 초월하여 자신의 자강력과 고통 부담

없이 북한과 미국의 선의와 '설마'에 기대어 평화를 희망한다. 특히 문 정부는 기본과 원칙 견지시 야기되는 긴장과 불안이 무서워 임진왜란 직전의 조선 조정처럼 북한과 북핵의 위험 자체를 부정한다. 전쟁만은 피해야 한다는 문 정권의 처신은 전쟁도 불사하겠다는 북한 김정은에게 무한 양보와 수모를 당하다가 결국에는 노예의 평화를 구걸할 수밖에 없다.

경제고용 위기

경제고용 위기는 현재 먹거리(주력산업) 위기와 미래 먹거리(4차 산업혁명 등 과학기술혁명의 낙오자) 위기의 중첩으로 나타난다. 산업화를 주도했던 주요 산업도시들이 미국 5대호 연안의 러스트벨트처럼 변해 가는 조짐이 완연한데, 문재인정부와 자칭 진보노동 세력이 밀어붙이는 가치, 제도, 정책은 하나같이 능력 있는 기업의 국내투자와 고용을 주저하게 만들고, 청년 인재의 민간기업 취업과 창업을 꺼리게 만든다. 가계나 국가에 축적된 금융자산은 부동산이나 저위험 저수익 자산으로 쏠리도록 몰아간다. 투자자와 창업자는 위험에 상응하는 보상을 제대로 받지 못하고, 실력 있는 인재는 제 자리를 찾지 못한다. 개인의 실력과 생산성이 아닌 소속 직장의 지불능력에 따라 사람의 등급과 팔자가 결정되는 직장 계급사회가 되면서 우수한 인재들의 탈 민간

기업화가 가속화 되고 그 반대급부로 공공부문, 규제산업, 면허 직업 쏠림이 일어난다. 이러한 현상은 우수한 국내기업들과 인재들의 탈 한국 러시를 부채질한다. 창조, 도전, 개척의 기업가 정신을 몰아낸 자리에 한 번의 공무원 시험이나 정규직 전환 투쟁으로 평생을 가는 특권을 쟁취하는 지대추구 심리가 창궐한다. 문재인정부는 이런 심리에 생명수를 쏟아붓는 등 대한민국의 기적을 만든 거의 모든 가치, 제도, 문화를 파괴한다. 오직 석유 수출 하나에 의존하여 허랑방탕하게 국부를 소진하다가, 석유 가격 하락으로 경제와 사회가 파탄이 난 베네수엘라처럼 반도체, 자동차 등 몇 개의 주력산업에 의존하다가 이들이 몰락하여 밀어닥칠 끔찍한 연옥이 대한민국에 펼쳐지지 말라는 보장이 없다.

지속가능성 위기

역삼각형 모양의 인구구조 전망은 대한민국이 결코 지속가능한 나라가 아니라는 것을 말해 준다. 이는 한국 정치와 정책담론의 무능, 무책임의 징표다. 지속가능성 위기는 인구구조 외에도, 산업인력구조(주력산업의 노령화와 우수한 청년들의 민간기업 기피), 재정건전성(국가부채), 공적연금과 건강보험, 지방 소도시와 농촌 소멸 위기 등 동시다발적으로 일어난다. 국민연금과 공무원연금의 수익비(적게 내고 많이 받아가는 구조), 부문·계층별

소득점유율과 취업자의 소속·지위별 근로조건 격차, 출산율과 자살율 등 수많은 지표 역시 대한민국이 지속가능한 나라가 아니라는 것을 말해 준다.

문제는 그 원인이 그리 복잡하거나 심오한 것이 아니라는 사실이다. 기득권 현세대는 미래세대에게, 기득권 정규직은 비정규직

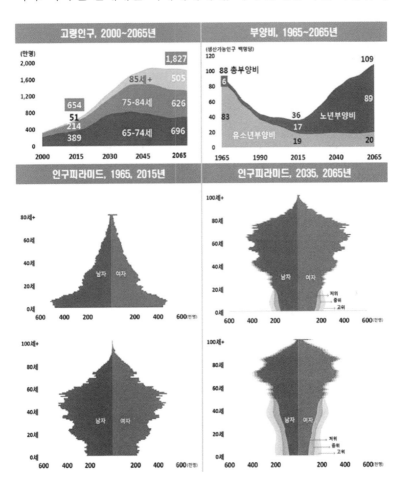

에게, 기득권 공공은 민간에게, 기득권 갑은 을에게 자신들이 져야 할 부담을 몰염치하게 떠넘긴 후과인데, 본말이 전도된 정치는 이를 거의 개혁하지 못하고 있다.

교육 위기

교육 위기는 개념 규정부터가 제각각이다. 이론의 여지가 없는 것은 교육의 본령 내지 교육의 적실성이 크게 훼손되었다는 사실이다. 대학서열화나 과도한 입시경쟁은 그 한참 후순위 문제이다. 한마디로 고비용 저효율 위기이다. 교사와 교수의 노동권이 과도하게 강조되면서 학교(대학, 대학원 등)가 학생을 위해 존재하는지, 학생이 학교를 위해 존재하는지가 의심스러운 상황이 되었다. 시대의 변화(기술, 직업, 수요 등)에 따라 사양화된 학과, 교과, 학교가 축소 또는 사멸되지 않다 보니 신설, 확장되어야 할 교육 과정(프로그램), 학교가 제대로 신설, 확장되지 못하고 있다. 그 과정에서 엄청난 교육 예산과 학생·학부모의 시간과 노력과 돈이 낭비되고 있다. 세계적 시야에서 보면 학문과 대학(원) 경쟁력 위기가 심각하다. 그에 따라 한국 현실과 한국 학문이 괴리되고, 학문 후속 세대가 붕괴하고 있다.

민주주의 위기

민주주의 위기는 정치 위기의 일부분이다. 문 정부 초기에는 민주적 (공론화) 절차 무시로 시작되었다. 최저임금, 공공부문, 탈원전, 9.19군사합의 등은 선진국이라면 국민투표를 하거나 국회비준동의를 받을 만한 사안임에도 문 정부는 최소한의 민주적 숙의 절차도 생략하고 거칠게 밀어붙였다.

검찰, 경찰, 법원, 방송통신위, 공영방송의 정치적 중립과 공직인사의 지역 안배, 실력 우선, 신상필벌 등은 그 어떤 정권도 대놓고 거부하지 못한 불문율이었다. 그런데 문 정부는 이를 노골적으로 부정하고 있다. 정권의 지시명령에 고분고분하지 않는 인사들을 적폐로 몰았다. 공직인사에서 실력보다 충성심을 따지다 보니 특정 지역 출신들과 무능하지만 파당적인 인사들이 승승장구하고, 요직을 독점하다시피 하고 있다.

법은 곧 시스템이요, 보편 이성과 양심의 표현이요, 정치의 핵심이라는 것을 망각하고, 180석 의석 수를 믿고 쓰레기 법을 양산하고 있다.

지금 민주주의 위기는 정신문화 퇴행(조선의 정신문화 부활)으로, 악법 양산으로, 법치 파괴(유권무죄 무권유죄)로, 권력 분립(견제와 균형) 와해로 나타난다. 경찰, 검찰, 법원 , 감사원 등 (준) 사법기관을 권력의 충견으로 만들려고 한다. 금융위, 방통위와 공영방송 및 통신사, 통계청, 질병관리본부 등 공공기관의 정치적 중립성, 전문성을 훼손한다. 중요한 정보의 은폐(비공개), 통계기준의 변경을 통한 통계 분식도 일삼는다. 코로나19 방역을 빌미로 국민기본권을 포괄적으로 무참하게 억누르고 있다.

문 정권과 민주당과 그 지지세력은 진보(여)와 보수(야)의 정치경쟁 구도를 선악, 정사正邪, 정의- 불의, 개혁- 적폐, 민주- 독재, 항일- 친일 구도로 변질시켰다. 권력자와 국가기관에 대한 신뢰가 정치공동체를 지탱하는 근간이라는 것을 무시하고 있다. 국가기관을 파당적으로 운용하지 않는다는 것, 통계나 말(정부의 발표)에 거짓이 없다는 것, 대통령과 정부 당국자의 약속은 대내 약속이든 대외 약속이든 반드시 지킨다는 것 등이 다 허물어졌다. 자유민주주의의 대전제인 권력자의 지식과 윤리에 대한 의심 자체를 부정함으로서 자유민주주의, 권력분립, 법치주의, 상대주의 등 민주공화국의 기둥을 부수고 있다.

불평등 양극화의 심화

문재인정부는 선진국은 말할 것도 없고, 개도국에서도 찾아보기 힘든 악질적 부조리인 공공의 양반화, 직장의 신분화, 정규직의 계급화, 노조의 조폭화를 방치하고, 동시에 최저임금 폭증, 정규직(영구직 강제와 비정규직 제로화), 친노조 정책 등을 통해

성 안과 성 밖의 격차를 키웠다. 원래 따뜻한 성 안은 더 따뜻하게 만들고, 추운 성 밖 사람들에게는 거적 하나 던져주다시피 하며 생색을 낸다. 그 결과 한국은 국가와 노조 등에 의해 보호되는 성 안이 온실이라면 성 밖은 시베리아 벌판이고, 성 안이 젖과 꿀이 흐르는(권리와 혜택의) 낙원이라면 성 밖은 메마른 사막이 되었다.

공공리더십 위기

공공리더십은 공공적 역할을 전제로 권력을 휘두르는 공무원(선출직, 정무직, 특수직, 일반직 등)과 사회단체 지도자를 말한다. 공공리더십은 소명의식, 정의감, 통찰력, 설득력, 결단력, 추진력 등을 필요로 한다.

공공리더십 위기는 복잡미묘한 현실이나 실물을 모르고, 사투가 벌어지는 외교·경제 현장을 모른 채 결정에 대한 책임도 지지 않는 자들인, 각자의 협소한 지식과 정의감으로 국가의 명운을 좌지우지하는 국가적 현안을 결정한다는 것이다. 지역구에 갇힌 국회의원, 법관, (규제, 처벌, 공직감사 담당) 행정관료, 교수, 시민단체 활동가들이 그들이다. 대통령, 당대표, 국회의원으로 대표되는 고위 정치 리더십은 점점 저열해지고 있다. 우연이 아니라 구조 내지 필연의 산물이다.

공직윤리도 뒷걸음질치고 있다. 공직 자체가 너무 높은 권리 이익(임금, 연금, 복리후생 등)을 누리고 있기에, 인사권과 감사권을 휘두르는 권력자의 전횡에 저항하기 점점 더 어렵게 되었다. 정치적 외풍을 덜 타는 중하위 공직은 신분보장을 너무 튼튼하게 해놓았기에 적극 행정을 할 유인이 별로 없다. 새로운 일을 벌이지 않으려 하고, 규정 위반 소지가 있는 일을 조금도 하지 않으려 한다. 납세자 국민들의 애환에도 점점 둔감해지고 있다.

가치의 본말전도

가치의 주객전도 내지 본말전도는 1987체제 최대의 병폐로서 대한민국 위기의 핵심이다. 이는 돈과 사람 혹은 직업과 자리 등을 규율하는 유인보상체계의 왜곡에서 연유한다. 위험·공헌과 이익의 불균형, 권리와 의무의 불균형, 혜택과 부담의 불균형, 권한과 책임의 불일치로 인한 직업적 소명과 직업윤리가 상실되고 정신문화가 지극히 불건전하게 되었다. 사회적 유인보상체계 왜곡의 주체는 기득권을 거머쥐었거나 쥐려 하는 집단인데, 이는 전적으로 정치와 국가의 방조나 주도로 인한 것이다.

주객의 전도는 국가나 지자체가 공급하는 거의 모든 공공서비스에서 나타난다. 공무원의 노동권(임금, 정년, 복지, 연금 등)을 과도하게 보호하려다 보니 국가나 지자체의 공무원이 국민(소비자, 이용자)을 위해 존재하는지, 국민이 공무원을 위해 존재하는지 의심스러운 지경이 되었다. 그 결과 조선 말기처럼 관의 가렴주구가 횡행하고, 사농공상의 위계서열이 부활하고 있다. 현대판 사士는 바로 생산 현장이나 실물에서 멀리 떨어진 공무원, 교사, 교수 등이다. 대한민국은 인문교육(지리, 역사, 철학, 정치, 법률, 민주주의 등), 직업(기술) 교육, 정신문화가 총체적으로 부실하다. 그 근본에는 사회적 유인보상체계의 왜곡이 자리하고 있다. 그 핵심은 노동권과 재산권, 공급자 권리와 소비자 권리(선택, 심판권), 공무원 권리와 고용주 국민의 권리의 불균형이 자리하고 있다. 이로 인해 인재의 흐름과 기업가 정신과 국내투자 고용 심리가 심각하게 왜곡되고 있다. 송파 모녀로 대표되는 사회적 약자들은, 우리의 소득 수준이나 공공부문 종사자의 처우 수준에 비해 너무나 인색한 보호를 받고, 미래세대(취업자)들은 기회와 희망의 사각 지대에 내던져졌다. 20년 가까이 지속되는 초저출산 상황은 그 후과이다.

지금 대한민국은 생산성이 높거나, 좋은 부모를 만났거나, 변화와 부침이 심한 시장의 파도를 막아주는 방벽(공공부문이나 국가규제)에 힘입어 높고 안정적인 권리, 이익, 혜택을 누리는 성안 사람들은 이 위기를 잘 실감하지 못한다. 하지만 이들이 떠 넘긴 위험, 부담을 떠안게 된 성 밖 사람들(미래세대, 청년세대, 내수 기반 자영업자 등)은 이 위기에 처절하게 반응하고 있다. 1971

년 102만 5,000명이던 연간 출생아 수가 서서히 감소하여 2002년~2016년까지 40만 명 대를 유지했다. 하지만 2017년 35만 8,000명, 2018년 32만 7,000명, 2019년 30만 3,000명으로 급전직하하여 2020년에는 20민 명 대로 떨어진 것이 확실하다. 더 심각한 것은 저출산이 화두가 된 시기가 2004년부터였고, 엄청난 예산과 다양한 대책(정책)을 들이부었음에도 불구하고 해결은커녕 더 악화되고 있다는 것이다.

정신문화 위기

정신문화 위기는 그 중요도나 심각성에 비해 의외로 공론화가 되어 있지 않다. 핵심은 시민적 덕성의 총체적 퇴행이다. 공동체 의식의 총체적 붕괴, 특히 자기 목소리를 크게 낼 수 없는 힘 없는 성 밖 서민의 아픔에 대한 지독한 둔감이다. 도서 판매량, 신문 구독자 수, 독서 인구 등의 감소, 스마트폰 효과 등을 종합하면 사람들의 생각이 전반적으로 짧아지고 얕아지고 단기적 이해관계에 민감하여, 조삼모사 하는 포퓰리스트의 먹잇감이 될 가능성이 높아졌다. 외교안보, 경제고용, 정신문화 위기 등이 심화되면서 고통과 불만이 분노와 증오, 저주로 바뀌어 흥분한 투우처럼 엉뚱한 곳으로 돌진하고 있다. 사회는 갈기갈기 찢어졌다. 사회의 파편화, 모래알화, 원자화가 다시금 심해지고 있다. 현실을 아는 자는 초당적 협력과 중장기적인 치밀한 전략전술이 필요한 오래된 현안인 북핵 문제, 규제개혁, 노동개혁, 공공개혁, 예산개혁, 연금개혁, 교육개혁, 저출산 문제 해결 등을 과연 할 수 있는 나라인지 회의한다. 필요하면 전쟁도 할 수 있는 나라인지 회의하다가 절망한다.

민주주의 국가에서 대중의 정신문화적 퇴행은 거의 모든 정치위기의 원인이자 결과이다. 한마디로 고대 그리스 민주정과 프랑스혁명에서 확인된 민주주의에 내장된 위험, 즉 중우정과 폭민정이 부상하고 있다. 정치가 권력 그 자체를 목적으로 하여, 양당·양강 구도에서 가장 가성비 높은 승리 전략인 지지층의 분노, 증오, 혐오를 동원하고 증폭시키면서, 열성 지지층은 온·오프라인 광장에서 총칼만 안 든 내전을 벌인다. 역사와 전통을 자랑하는 조선식 '사화정치'가 '적폐청산'이라는 이름으로 부활하면서 미래를 위한 개혁 담론이나 새로운 발전체제 관련 담론이 들어설 공간이 사라졌다.

3장
자유대연합당의 가치

성省 혼魂 통通

　자유대연합당은 한국 정치와 지식사회가 전반적으로 결여한 성省, 혼魂, 통通을 굳건히 딛고 서있다.

　성은 역사의 빛과 그늘에 대한 성찰 반성이요, 큰 포부와 기대가 무참히 깨진 실패와 좌절에 대한 성찰과 반성이다. 성찰과 반성의 빈약은 한국 사회 전반의 문제이다. 정치권과 지식 사회를 가리지 않고, 보수와 진보를 가리지 않는다. 사실 한국 사회의 위기도, 한국 보수의 위기도, 국민의힘의 위기도 상당 부분 여기서 비롯된다.

　혼은 좌파-우파, 국가-시장을 중심으로 따지는 노선이나 이념이 아니다. 정치와 인생에 대한 기본 자세로, 소명의식과 사생관이 핵심이다.

　통은 사회역사적 통찰이다. 사고의 시공간의 확장을 통한 비교, 대관세찰大觀細察, 근본과 본질에 대한 물음(Back to the Basic), 인식 주관과 사물 현상에 대한 의심, 사건과 사물(환경, 제도, 정책, 사람 등)의 실체와 복잡다단한 연관관계 파악 등을 통하여 얻어진다. 성省 혼魂 통通은 정강정책과 중단기 중점 투쟁 과제로 외화된다. 법안과 예산과 인사(shadow cabinet)로 펼쳐진다. 이 전체를 체계적으로 꿰는 것이 바로 사상이념이다. 그러므로 자유대연합당은 탈이념이 아니라 인류의 지혜와 양심을 체현한 바른 이념을 정립하기 위해 노력한다.

좌우가 아니라 진위, 고저, 양반귀족대 자유시민

대중이 정당의 정체성과 노선을 인식하는 통상적인 프레임은 이념이다. 좌우 혹은 진보·보수 프레임으로 정치를 재단한다. 그런데 한국에서는 여기에 영호남 지역 대결 구도가 겹쳐져 있다. 민주당이나 국민의힘 공히 지지층의 이익(기득권)에는 충실하지만 이념에는 충실하지 않다. 가짜 시비나 배신 시비가 일어나는 이유다.

한 때 정치권 일각(국민의당 주변)에서 프레임=대립구도를 20세 이상 인구 약 4,000만 명 기준으로 상위 1%당(새누리당·자유한국당), 상위 10%당(민주당·정의당), 하위 90%당(국민의당)으로 바꿔 보려는 시도가 있었다. 또 일각에서는 지대수취자=성안사람(민주당·정의당)과 지대 피수취자 성밖사람(자유대연합당)으로 프레임을 전환해 보려는 시도가 있었다. 하지만 별무신통이었다.

민주당·정의당이 공공부문 정규직과 노조, 규제에 의해 과보호 받는 사람 등 상위 10% 성안사람 대변 정당적 성격은 뚜렷하지만, 상위 1%와 하위 90%는 이해관계가 일치하는 측면이 많기 때문이다. 상위 1%를 부동산 부자나 상속 부자가 아닌, 창의와 열정이 뛰어난 사람, 위험을 감수하고 과감히 도전하여 가치를 창조한 사람으로 정의하면 상위 1%와 하위 90%는 완벽히 이해관계가 일치한다. 이 두 집단이 공유하는 가치와 이념은 기본적으로 자유대연합당의 그것일 수밖에 없다.

그 동안 한국 보수·우파는 대체로 안보, 시장, 기업, 자유, 개인책임, 진실, 법치 등을 강조하였다. 그러다 보니 친자본(재산)·친기업·반노조성은 부각되었지만, 친서민·친노동성은 부각되지 않았다. 보수의 가치·이념 마케팅 전략의 실패라고 보아야 한다. 자유대연합당은 성 안(노동·공공) 양반귀족과 성 밖 자유시민(서민) 프레임=대립구도를 적극적으로 마케팅해야 한다.

동시에 좌우 프레임에 대항하여 진위(진짜와 가짜), 생사(생물과 화석), 신구(참신과 진부, 미래와 과거), 정곡과 곁가지, 혼의 유무(고결과 저열) 프레임도 적극적으로 마케팅해야 한다. 문제를 읽지 않고 쓴 답은 대체로 오답이듯이 끊임없이 변화, 변모하는 모순부조리를 추적, 정조준하지 않은 정치노선은 대체로 시대착오(수구반동)이거나 곁가지를 잡고 변죽 올리는 짓에 불과하다. 노선의 화석화, 진부화, 시대착오는 진보의 전유물도, 보수의 전유물도 아니다. 중도 역시 이로부터 자유로울 수 없다. 정당의 정체성과 노선이 수구반동적이냐 변화개혁적이냐를 가르는 것은 주장하는 가치에 의해서가 아니라 시간(시대)과 공간(국가)에 따라 변화하는 모순부조리에 의해 정해진다. 시공을 초월한 진보,

보수, 중도를 가르는 기준은 없다. 좌파와 우파의 표준도, 급진과 온건의 표준도 없다.

정당의 정체성과 노선은 정치와 인생을 대하는 태도(혼), 역사와 현실에 대한 견해(역사관, 세계관, 위기관 등), 주로 대변하고자 하는 집단·계층의 이해와 요구에 근거한 가치, 비전, 정책과 실천으로부터 피아(적과 친구)가 나눠진다. 하지만 좋은 의도가 현실에 의해 배신당하는 일이 비일비재하기에 정치노선은 어디까지나 정치사회적 실천을 통해서 검증되어야 할 가설에 불과하다. 실천, 실물, 실력을 빼놓고 노선을 논할 수는 없다.

위쪽 아래쪽이냐?

2021~2022년 대회전에서 보수, 자유, 우파, 애국 세력이 승리하려면 이른바 '극우' '아스팔트 우파' '광화문광장 세력' '태극기 세력'의 비호감 행위(추태)로부터 멀어져야 한다. 동시에 김종인식 중도에서도 멀어져야 한다. 멀어지는 방향은 왼쪽이나 오른쪽이 아니라 위쪽이어야 한다. 한 마디로 보수는 진화 발전해야 한다. 광화문광장 시민들의 애국심과 열정은 간직하되, 더 현명한 방법으로 무장해야 한다는 얘기다. 정치의 혼과 보수의 가치가 살아 있는, 새롭고 담대한 비전과 정책을 들고 나서야 한다는 얘기다.

김종인과 국민의힘 다수는 극우나 아스팔트 우파를 배신, 배척하면서 오른쪽에서 멀어지려 노력해 왔다. 얼마 안 되는 극우는 잃고, 점점 두터워지는 중도층은 얻어 종합적으로 크게 플러스라는 계산을 했기 때문이다. 극우가 국민의힘을 아무리 극혐해도 투표장에 가면 어차피 국민의힘을 찍을 수밖에 없다고 보기에, 잃는 것은 거의 없고 얻는 것은 크다고 생각한다. 거듭 말하지만, 이런 계산법은 국민의힘에 대한 비호감의 실체와 구조를 잘 몰라서 나온 것이다. 무엇보다도 배신 당한 열성 지지층은 투표장에 나갈 의욕을 잃어버린다는 사실을 간과하고 있다. 하지만 위쪽 방향으로 멀어지면, 좌우 양쪽에서 다 끌려오게 되어 있다. 이른바 극우도 끌려오고, 민주당에 환멸을 느끼지만 국민의힘을 여전히 극혐하는 중도층도 끌어올 수 있다. 좌- 중- 우라는 단선 프레임이 아니라 진짜와 가짜, 정통과 사이비, 고귀함과 저열함이라는 상하 프레임으로 문제를 진단해야 보수, 자유, 우파가 역사의 주도권을 쥘 수 있다.

　매력과 신뢰를 잃은 보수나 김종인식 중도에서 위쪽 방향으로 멀어진다는 것은 이런 것이다. 포퓰리즘이 체질화된 민주당이 유권자 집단에게 특수 이익을 약속할수록, 보수우파는 권리와 권리의 조화(노동권과 재산권, 공급자 권리와 소비자 권리, 기존 취업자와 미래 취업자, 현세대와 미래세대, 수도권과 지방 등), 권리와 의무의 균형, 자유와 책임의 균형, 성과와 보상의 균형(건강한 유인보상체계), 권한과 책임의 일치 등을 추구하면서 대한민국 공동체를 믿고 맡길 수 있는 책임 있는 정치세력임을 납득시키는 것이다. 공공 양반, 조폭 노조, 반일 위선과 미래세대를 약탈하고 억압하는 포퓰리즘과 일전불사 의지를 보이는 것이다. 그래서 국가경영의 기본과 원칙, 즉 지속가능하고 정의로운 시스템(시장경제, 민주주의, 복지, 재정, 연금 등)을 만들고 지켜나갈 의지와 능력을 보여 주는 것이다. 이것이 진짜 보수(정치)라고 말해야 한다.

요컨대 보수의 혼에 진보·좌파적 방법이나 정치공학을 결합하는 것이 아니라, 새로운 방법을 결합하는 것이다. 사자성어로 말하면 보혼진법保魂進法이 아니라 보혼신법保魂新法 혹은 보혼신략保魂新略이다. 사실 이는 동서고금을 막론하고 대전환기에 보편적으로 채택하는 정치노선 전환 방식이다. 일본 메이지 유신 주도 세력이 고창한 화혼양재和魂洋材론과 중국 양무운동洋務運動이 표방한 중체서용中體西用론이 대표적이다. 조선의 개화파 김윤식金允植, 박영효, 김옥균 등이 1880대초 주창한 동도서기東道西器론도 비슷한 상황에서 나왔다. 하지만 동도東道는 주자학이었다. 조선에서 재해석, 재창조된 선도鮮道가 아니었다. 무엇보다도 주자학은 내면정신만 지배한 것이 아니라 '예'로서 정치, 경제, 사회, 문화와 말과 행동을 지배하였다. 서양의 문물을 받아들일 공간을 거의 허용하지 않은 것이다. 그래서인지 조선에서는 동도서기론보다 위정척사爲政斥邪론이 압도해 버렸는지도 모른다. 만약 17, 18세기부터 주자학의 재해석을 통해 주자학의 조선화가 이루어졌다면 근대화의 정치경제적 토양도 훨씬 비옥해졌을 것이고, 따라서 화혼, 중체와 비슷한 반열의 한도韓道, 선도鮮道, 국혼國魂이라는 말이 나왔을지도 모른다.

안보 보수, 시장 보수, 반탄 보수를 넘어

한국에서 정당들이 표방하는 가치는 대체로 구호나 포장에 불과한 경우가 많다. 설사 진정성 있게 가치를 추구한다 하더라도 인간과 시장과 국제관계의 속성을 정확히 알지 못하면 의도와 전혀 다른 결과를 초래한다. 단적으로 성장을 강조한다고 해도 실물을 모르고, 실력이 모자라면 성장이 되는 것은 아니다. 복지를 고창한다고 해도 그 방법(방향, 완급, 수순, 절차 등)이 부적절하면 복지가 강화되는 것도 아니다. 대북 유화(평화)도, 노동권 강화도 다르지 않다. 격차 해소, 노동 존중, 일자리 창출, 과학 강국, 교육 혁신, 법치 구현 등을 외치지 않은 정당은 없지만, 현실은 그와 정반대로 갔다. 표방하는 가치가 곧 그 정당의 영혼이 되는 것은 아니다. 하지만 오랫동안 반복적으로 외치다 보면, 비록 가식일지라도 대중의 뇌리에 깊이 박히기 마련이다. 정당이 줄기차게 고창하는 가치가 곧 중시하는 가치로 되고, 잘할 것 같은 일로 된다는 얘기다. 물론 이는 권력을 쥐고 실제 구현하면 그 실체

(허구)와 실력이 극명하게 드러나 버리게 마련이다.

오랫동안 민주당과 정의당(민주노동당)으로 대표되는 진보가 팔아온 간판 상품 내지 핵심 가치는 도덕(부정비리로부터 자유로움), 역사(진상규명, 익울한 희생자 신원, 피해자 보상), 민주(반독재), 평등(격차해소·분배), 노동, 공공, 복지, 지방(자치·분권·균형발전), 환경·생태, 서민(빈자), 약자·소수자, 여성(양성평등), 평화(남북 화해협력), 호남, 변화 등이었다. 일자리, 격차해소, 청년, 공정, 미래, 교육은 보수와 진보가 공히 강조했지만, 둘 다 공염불이나 늘어놓은 것으로 여겨지고 있다.

보수는 오랫동안 외교안보(원칙 중시), 시장(원리 존중), 성장을 강조해 왔다. 한미동맹, 한일협력 강화와 자유 중시는 이로부터 도출되었다. 한국에서 자유는 외교안보를 중시하는 자들에게는 반공과 친미의 다른 이름이고, 시장을 중시하는 자들에게는 개인책임과 규제완화(경제자유화)의 다른 이름이다.

보수는 시장과 불균형 성장에 따른 지역·산업·부문·계층 간 격차·불균형이나 부의 집중, 편중, 대물림 현상 등을 대체로 어쩔 수 없는 현상이거나 일시적인 현상으로 여긴다는 이미지를 얻었다. 세계 주요국의 상황이나 경제발전 역사를 들어 한국은 그리 심한 편이 아니라고 하거나, 낙수효과 등에 의해 오래지 않아 해결될 현상처럼 여겼기 때문이다. 결과적으로 보수는 격차나 불균형에 둔감하거나, 문제 해결에 소극적이라는 이미지를 얻었다.

보수는 직접 친영남·강남과 친부자·기업을 강조하지는 않았지만, 자타가 공인하는 보수 가치로 굳어졌다. 진보는 친호남과 (친노동 아닌) 친노조를 강조했기에, 당연히 자타가 공인하는 진보 가치로 굳어졌다. 보수는 진보의 끈질긴 도덕 공세(부정비리 시비)에 대해, 적극적으로 방어하기보다는 주로 지탄받는 자를 잘라내고 사과하는 것으로 일관하였다. 이승만, 박정희를 정치적 조상으로 두어 수십 년 동안 도덕성 공격을 받았고, 전두환은 12.12와 5.18로 인해, 특히 김영삼정부의 단죄로 인해 제대로 방어도 못하고 두들겨맞기만 했기에 도덕성과 민주주의에 관한 한 보수가 한참 열위에 있는 것처럼 비치게 되었다.

1997년 외환위기를 초래한 원죄로 인해 김대중정부 하에서는 시장(경제)에 있어서도 보수의 비교 우위가 없었다. 실은 안보와 대북 정책에서도 오랫동안 보수의 비교 우위가 없었다. 미북, 남북 협상에 의한 비핵화와 북한 개방과 경제적, 외교적 지원이라는 빅딜 가능성이 없지는 않았고, 이명박·박근혜 정부의 대북 정책이 이렇다 할 성과를 내지 못하였기 때문이다. 오랫동안 보수는 부패하지만 유능하고, 진보는 깨끗하지만 무능하다는 인식이 널리 퍼져 있었다. 하지만 박근혜정부를 거치면서 도토리 키재기라는 인식이 생겼고, 문재인정부 집권 후반기부터는 진보는 부패한데다 무능할 뿐 아니라 위선, 독선, 오만, 남 탓까지 겸비한 존재로 인식되고 있다. 진보의 자책, 자멸로 인해 보수에 대한 평가가 높아진 것이다.

오랫동안 한국 보수는 레드콤플렉스에 사로잡혀 입만 열면 빨갱이, 주사파, 사회주의, 적화(연방제 통일), 종북좌익 시비나 하는 늙은 '안보 보수'와 영국병을 들어 복지에 너무 인색하고, 개인 책임을 과도하게 강조하고, 재벌의 불공정 행위에는 너무 관대하고, 모든 것을 시장에 맡기자는 '시장 보수'가 양대 주류라는 이미지를 얻었다. 2016년 하반기부터 2017년 상반기에 걸쳐 근 1년여에 걸쳐 벌어진 대통령 탄핵 사태 이후에는 박근혜 탄핵의 부당함과 신원을 외치며, 탄핵 찬성 정치인에 대해 복수의 칼을 가는 반탄(과거 집착) 보수가 주류 대열에 합류한 것처럼 인식되고 있다. 결과적으로 2017년 이후 한국 보수는 '안보 보수, 시장 보수, 반탄 보수'가 주류라는 이미지가 굳어졌다. 선진국에 보편적인 '기독교 보수'는 한국에서는 주로 적화(연방제 통일) 반대를 외쳤기 때문에 안보 보수에 포함되어 버렸다고 해도 과언이 아니다. 다만 양성평등의 기치로 전통적인 남녀관계와 가족관계를 파괴하는 급진적 페미니즘이 부상하면서 기독교 보수의 숨겨진 가치가 부상하고 있다.

1987년 이후 30여 년 동안 보수는 민주에는 자유로(경제민주화에는 경제자유화로), 변화에는 안정으로, 공공(공공부문 확대와 규제 강화)에는 시장으로, 평화에는 안보로 맞섰다. 도덕과 평등(격차 해소)과 복지는 마지못해 수용하는 모양새를 취했다. 그러니 말의 어감이나 국민정서상 보수가 불리할 수밖에 없었다. 반독재, 다수결, 준법 정도로 해석하는 민주에는 공화, 법치, 법다운 법(보편 이성의 표현)으로 대응할 수 있었지만 그렇게 하지 않았다. 자유는 경제 영역뿐 아니라, 생활(커뮤니티와 지방) 영역으로 끌어와야 했으나 그렇게 하지 않았다. 무엇보다도 노동, 지방(자치·분권·균형발전), 복지, 환경생태, 여성, 약자, 호남은 저들의 독무대 내지 독점 가치로 줘 버렸다. 가족과 전통과 신앙(생활)은 선진국 보수의 핵심 가치지만, 한국 보수는 별로 강조하지 않았다. 그렇다고 해서 진보가 강조한 것도 아니었다. 무엇보다도 보수는 담대한 변화와 개혁을 꺼리는 존재, 그래서 관료적 변화와 개혁을 추구하는 존재라는 이미지를 얻었다. 이는 상당 정도 사실이기도 하다.

문재인정부 출범 이후, 특히 4.15 총선에서 민주당이 압승한 이후 진보의 무지몽매, 시대착오, 오만독선, 위선거짓이 극명하게 드러나고 있다. 외교정책은 대북·대중 굴종이고, 대미·대일 불신 자초·고립이요, 비핵화는 공염불이고, 9.19 군사합의 등 안보는 자폭이고, 경제는 자살, 고용은 학살, 부동산은 폭등, 불평등은 심화, 세금은 폭증(가렴주구), 서민생계는 초토화되었다는 것이 드러나고 있다. 그뿐 아니라 파괴한 것은 원전산업, 법치주의, 민주주의(권력분립과 절차와 소통 등), 청년의 기회, 미래에 대한 낙관, 자유민주적 정신문화 등 이루 헤아릴 수 없을 정도다. 결과적으로 보수가 강조해온 외교안보 원칙과 시장(경제) 원리에 대한 긍정적 평가는 높아졌다. 반면에 진보가 강조해온 가치는 거의 시대착오거나 독선이거나 위선이거나 실력 부족이라는 것이 드러나고 있다.

대한민국과 보수가 함께 사는 가치 포트폴리오 전략

대한민국이 살고, 보수가 사는 가치 구성(포트폴리오) 전략은 그리 복잡하지 않다. 보수의 강점은 적극적으로 부각시켜 팔고, 약점은 줄이거나 덮고, 진보의 강점은 허구이거나 시대착오임을 폭로하고, 약점은 더 선명하게 드러나게 하는 것이다. 강점이란 대중의 눈으로 봤을 때 더 옳게, 더 이롭게, 더 멋있게, 더 간절하게 느껴지는 것이고 약점은 그 반대다. 보수의 강약점 혹은 비교우위·열위는 시대에 따라 달라진다. 단적으로 유권자나 교차투표층에게 경제민주화가 더 옳고, 이롭고, 멋있고, 간절하게 느껴지는 시대가 있고, 경제자유화가 더 옳고, 이롭고, 멋있고, 간절하게 느껴지는 시대가 있다. 평화·화해가 각광을 받는 시대도 있고, 안보·원칙이 각광을 받는 시대도 있다. 보수의 도덕성이나 모성적 가치(따뜻함, 복지, 노동권 강화 등)가 더 먹히는 시대도 있고, 문제해결 능력이나 부성적 가치(원리원칙, 지속가능성, 노동권과 재산권의 균형 등)가 더 먹히는 시대도 있다. 그 어떤 시대든 보수는 이미 우위를 차지하고 있는, 즉 강점으로 인정되고 있는 외교, 안보, 시장, 자유, 공화, 법치, 작고 슬림한 정부, 세계주의(글로벌한 시야)에서 그 내용을 더 풍부하게, 아름답게, 실감나게 채워야 한다. 예컨대 외교는 미국, 일본, 유럽 등 해양문명과의 공고한 연대를 담아내야 한다. 한일 FTA, 한일해저터널 등 한일간 다방면에서 교류협력의 확대를 비전으로 제시해야 한다. 더 나아가 선진국과 개도국의 가교 국가로서 아시아, 아프리카 등지 후발 개도국에 대한 역사적 사명, 즉 발전 기여를 통한 기회 창출 비전을 제시해야 한다. 안보는 레드콤플렉스가 진하게 묻어나는 과거의 반공과 반북을 뛰어넘고, 미국에 대한 비현실적인 기대, 즉 미국의 북폭에 의한 북핵 해결과 북한 체제 붕괴에 대한 기대 역시 뛰어넘어야 한다. 시장은 차가운 냄새가 나는 '시장원리'보다는 청년 등 성 밖 서민에 대한 이로움과 공정함을 강조해야 한다. 개인 책임과 시장 원리 강조도 필요하지만 경제정책에 관한 한 확실히 유능한 존재임을 인식시켜야 한다. 진보의 무지막지한 규제, 공공, 노조, 세금, 교육 정책에 의해 경제가 질식하고 저성장이 완연한 시대에 경제민주화는 철지난 가치가 분명하다. 하지만 보수의 시장 맹신 이미지도 불식시키는 것도 필요하다.

보수는 안보 불안과 경제 침체가 뚜렷한 시대에는 안보와 경제에서 확고한 비교 우위만 가져도, 거의 모든 보수의 약점을 덮을 수 있다. 아니 진보의 거의 모든 강점을 상쇄할 수 있다. 물론

문 정부 출범 이후에는 진보의 강점도 그 한계를 노정하고 있다.

보수는 역사(진실)에서도 우위를 차지할 수 있고, 반드시 차지해야 한다. 보수는 지난 수십 년 동안 진보의 거의 모든 가치가 흘러나오는 저수지이자 핵심 무기인 역사 자학, 은폐, 왜곡, 윤색 등에 제대로 맞서지 않았다. 따라서 역사적 진실를 밝히고, 역사의 명암과 정치 지도자들의 공과를 균형적으로 보고, 더 나아가 세계사와 동아시아사 속에서 한반도 역사를 조명하는 작업에 박차를 가해야 한다. 이렇게 재조명한 역사를 소설, 영화, 드라마로 만드는 작업도 병행해야 한다. 진보는 최소 3, 40년 전부터 해 온 작업이다. 지금 문 정부의 콘크리트 지지층이라는 30대 중반에서 40대는 이 긴 문화 선전 작업의 결과라고 보아야 한다.

보수는 진짜 친자치·분권·균형발전, 친평등(격차해소), 친공정, 친투명, 친알뜰(재정), 친환경이요, 친복지, 친노동, 친서민, 친공공, 친청년·미래, 친약자, 친가족, 친법치임을 입증할 수 있고 입증해야 한다. 보수는 인류(문명)의 보편 지성과 양심의 체현자임을 강조해야 한다. 반면에 문재인과 민주당으로 대표되는 진보를 오만, 독선, 위선, 거짓, 화석, 시대착오, 가정해체범이라고 몰아붙여야 한다. 특별히 진보가 자신들의 독점적 가치로 간주하는 평등(격차해소), 지방(자치), 노동, 서민, 환경생태에 관한 한 보수가 진짜임을 입증해야 한다.

예컨대 진정한 친환경생태는 원전 없이는 안 된다는 것을 말할 수 있다. 노동에 대해 말한다면, 친노동은 곧 친노조가 아니라는 것, 그렇다고 무노조(반노조)나 미국식 고용 시스템을 목표로 하는 것도 아니라는 것, 한마디로 유연성과 안정성과 공정성이 조화된 한국식 고용 시스템 비전을 얘기해야 한다. 동시에 우리 사회의 생산력과 변화부침이 극심한 시장환경을 감안하여, 공공부문 노조와 지식사회(교수, 기자, PD 등)가 정상이라고 생각하는 수준(고용, 임금, 연금, 주거, 복지 표준)을 낮추어 중향평준화를 비전으로 제시해야 한다. 고용의 유연성, 안정성, 공정성과 중향평준화로부터 보수의 평등(격차 해소) 비전과 서민 생활 향상 비전을 설득력 있게 얘기할 수 있고 얘기해야 한다.

무엇보다도 보수는 자치·분권과 균형발전 비전을 제시해야 한다. 원래 사적 자치와 지방 자치는 자유의 요람이다. 자유, 자립, 자조, 협동, 자치 정신을 기르는 학교이다. 그런데 보수는 사적 자치의 하나인 시장 자치만 강조하였다. 보이는 주먹질이 횡행하다 보니 보이지 않는 손의 역할만 강조했던 것이다. 보수의 간판 가치인 자유가 공허한 것은 개인의 자율책임과 시장 자치만 강조하고 교회, 대학, 협회, 정당의 지방·지구 조직 등에서 이뤄지는 사적 자치와 마을, 아파트단지, 소지역, 지자체 등에서 이뤄지는 지방 자치를 지나치게 방치, 외면했기 때문이다. 그렇기에 한국에서 자유는 곧 반공이고, 개인 책임이고, 규제 완화로서 강자의 논리, 공동체성 부정의 논리로 비치게 된 것이다.

근대 이후 가장 위세를 떨친 진보·좌파 이념은 국가주의·사회주의·공동체주의의 변주곡이었다. 시장원리와 종교·관습으로 돌아가는 사적 자치 영역에 국가권력이 개입하여 진보·좌파가 생각하는 정의를 실현하는 것이었다. 반면에 보수·우파 이념은 사적 자치와 지방(풀뿌리) 자치를 강조하고, 국가권력의 개입은 보충성 원칙에 따라 최소화 하는 것이었다. 근대 진보·좌파 이념의 원류는 프랑스 혁명기의 자코뱅주의와 마르크스주의일 것이고, 보수·우파 이념의 원류는 미국의 건국정신과 프랑스혁명을 매우 비판적으로 본 에드먼드 버크의 사상일 것이다.

그런데 한국에서는 강력한 국가주의(성군주의)·공동체주의 성향을 가진 박원순으로 대표되는 진보·좌파가 풀뿌리를 강조하였다. 이들은 자유와 사적 자치와 보충성 원칙보다는 국가권력의 힘을 빌려 자신들의 가치와 이익을 실현하려고 하였다. 한국 보수·우파 역시 분단·정전체제와 국가주도 발전 전략의 성공으로 인해 강력한 국가주의 성향을 띠긴 마찬가지였지만, 진보·좌파에 비해 시장 영역의 확장과 시장원리의 존중을 훨씬 강조하였다. 물론 시장과 기업에 대한 이해도 높았다. 하지만 이들의 주장은 국가-시장-사회를 통할하는 체계화된 이념에 근거한 주장이 아니라 사적 이익에 근거한 주장이었다고 보아야 한다. 그래서 시장 외의 다른 사적 자치와 지방자치에는 몰이해 또는 무관심했던 것이다. 이는 정치와 정당에 대한 몰이해와 무관심으로도 나타났다. 이러니 정치사회적 뿌리가 취약할 수밖에 없었다. 교회, 대학, 정당의 지방·지역·지구·직능 조직과 소지역(마을, 아파트단지 등)에서 실질적인 자치(예컨대 정당으로 치면 상향식 공천 등)를 실현하여 자치의 효능감을 주었다면, 자유, 보수, 우파 이념에 대한 지지 저변은 지금 보다 훨씬 넓고 튼실했을 것이다.

현재 한국 보수의 간판 가치는 자유이고, 이는 외교안보 정책과 경제(시장)정책에서 구체화되고, 또 확실히 차별화된다. 그런데 자유는 자치의 다른 이름이다. 자치는 자율책임, 자립, 자조, 협동, 보충성 원칙을 담보하고 있다. 자치가 뒷받침되어야 민주, 투명, 공정, 알뜰(재정), 법치 등이 튼실해진다. 그러므로 보수의 간판 상품은 안보, 경제, 자치가 되어야 한다. 안보 보수, 경제 보수, 자치 보수가 자유, 보수, 우파, 애국 세력의 3대 주류가 되어야 한다. 복지, 노동, 서민, 환경 등은 안보, 경제, 자치가 바로서면 쉽게 해결된다는 것을 쉬임없이 말해야 한다. 구체적으로 지자체의 투명성을 획기적으로 제고하고, 실질적인 주민참여와 결정에 따른 책임 이행이 가능하도록 자치단위를 지금보다 훨씬 잘게 쪼개야 한다.

광역은 미국이나 유럽의 주 수준의 자치권을 갖도록 더 크고 강하게 만들어야 한다. 교육, 교통, 의료, 복지 등 공공서비스는 지금처럼 국가나 광역 종합행정기구(광역 지방자치단체나 교육청)가 제공하는 것이 아니라 적정한 공급 단위를 만들어 제공하는 쪽으로 가야 한다. 무엇보다도 정당의 지방 조직과 아파트 자치회에서 높은 수준의 자치를 체험하고 훈련할 수 있게 해야 한다.

김종인과 국민의힘의 가치 전략의 오류

정당의 가치·이미지 형성 전략의 기본은 자신의 강점은 키우고, 약점은 보완하고, 저들의 강점은 허구임을 폭로하고, 약점은 부각시켜야 한다. 그리하여 자신에 대한 호감은 올리고 비호감은 최소화해야 한다. 이 모든 것은 적절한 광고·마케팅 전략을 동반해야 한다. 김종인은 국민의힘 의원 다수의 생각을 과감하게, 강단 있게 구현할 수 있으리라는 믿음이 있었기에 비대위원장으로 추대되었다. 김종인은 추대한 사람들의 기대를 저버리지 않았다. 하지만 결과는 국민의힘에 대한 비호감을 거의 누그러뜨리지 못하였다. 중도층의 지지는 별로 끌어올리지 못하였고, 아스팔트 우파라 불리는 행동하는 보수의 배신감과 불신은 확실히 끌어올렸다. 사실 김종인의 행보는 1987년 이후 노태우, 김영삼, 이명박, 박근혜로 대표되는 보수가 지속적으로 구사해 온 중도층 지지 획득 전략(정치공학)과 궤를 같이 한다. 문제는 시대가 바뀐 데 있다. 시대가 보수와 진보가 파는 가치나 강약점에 대한 선호를 바꿔 놓았다는 얘기다. 김종인은 기본적으로 보수의 강점은 모르고, 보수의 약점만 좀 안다고 할 수 있다. 그래서 보수의 강점은 제대로 부각시키지 않고, 단지 보수의 약점만 줄이려고 하였다. 그나마 보수의 진짜 약점인 혼(소명, 공심, 동지애, 용기, 강단 등), 성찰반성, 국가비전과 지방비전, 이념적 자부심 등의 부실은 파악하지도 못하였다. 김종인은 보수의 약점을 줄이는 작업은 과감하게 하였다. 이는 진보의 강점 내지 주장을 인정, 존중하는 것으로 나타날 수밖에 없었다. 경제민주화와 복지(기본소득 등)를 강조하고, 5.18 사죄 퍼포먼스를 하고, 삼성 및 기업 규제 3법 통과에 앞장서고, 이명박 박근혜 중형에 대해 사죄를 약속하고, 호남에 대한 특별한 배려(지대 제공)를 약속했다. 하지만 문재인 정부의 폭정과 실정으로 인해 점점 빛을 발하는 보수의 강점(외교, 안보, 경제, 가족 등)을 열 배, 백 배 증폭시키려고는 하지 않았다. 그뿐 아니라 시대적 요구가 분명하지만 진보와 보수가 공히 제대로 챙기지 않는 성 밖(소득 하위 90%) 서민, 영세자영업, 20대 남성, 비수도권 경제, 그리고 자치, 공화, 법치 등도 선점하려 하지 않았다. 진보가 표방하는 가치의 위선과 허구도 제대로 폭로하지 않았다. 오로지 보수의 약점, 그것도 자신의 중장년 시절인 2, 30년 전에 약점이었던 가치(5.18, 부정비리, 경제적 자유, 재벌대기업 편향성 등)만 보완하려 하였다. 그리고 말의 품격 등 엉뚱한 가치 부각에 힘을 쏟았다. 그 결과는 안보 보수, 시장 보수, 반탄 보수, 영남 보수, 자치 보수, 기독교 보수 등을 적대시 내지 배신이다. 시대의 모순부조리와 정면 대결하지 않고, 주변적 가치(곁가지)나 잡고 용쓰는 꼴이 되었다.

4장
자유대연합당 강령의 배경과
국가 대개혁 방향

1절 국가 대전략

대한민국의 생존과 번영, 자유와 자존의 관건은 자강력(국방력과 경제력)과 더불어 미국, 일본, 유럽, 호주 등 선진 해양 문명국들과의 연대다. 중국, 미국, 러시아, 일본과 70억 인류가 절실히 필요로 하는 어떤 가치를 보유하는 것이 관건이다. 이는 중국, 러시아 등을 움직이는 강력한 지렛대(leverage)로, 독보적인 기술력에 기초한 산업(부품·소재·의약품 등)일 수도 있고, 독보적 서비스(의료·금융·교육 등)일 수도 있고, 투자자 및 수요자 파워일 수도 있고, 천연자원(희토류 등)일 수도 있고, 스위스프랑 같은 국제적으로 통용되는 통화일 수도 있고, 지리적 위치일 수도 있다.

북한은 미국과 일본, 남한에 대해서는 핵과 미사일을, 중국과 러시아에 대해서는 교통·물류와 군사상 요충지로서의 지리적 위치를 강력한 레버리지로 삼는다. 일본은 징용공 배상 판결을 계기로 일어난 한일 갈등 과정에서, 반도체 생산에 필요한 핵심 소재, 부품, 장비 등 한국에 대한 레버리지가 매우 많다는 것을 보여 주었다. 중국은 거대한 시장을 한국을 포함한 많은 나라에 강력한 레버리지로 사용한다. 미국은 미·중 무역갈등을 통해 중국 상품의 최대 소비처로서, 중국이 한국에게 했듯이 시장을 강력한 레버리지로 사용하고 있다.

대한민국의 자유와 자존의 관건은 중국과 일본에 밀리지 않는 강력한 산업경쟁력이다. 중국에 대한 레버리지를 늘리고 강화하며, 중국의 한국에 대한 레버리지는 줄이고 약화시켜야 한다. 한국의 생명선은 안정된 에너지·자원 수송로와 자유로운 통상 환경 확보이고, 이는 일본과 우호협력, 미국과 가치(사유) 동맹을 절실히 필요로 한다. 문재인정부에서 훼손된 한일 우호협력 관계를 시급히 복원해야 한다. 가치와 이익을 폭넓게 공유하는 미국, 일본, 유럽 등 선진 해양문명국과의 연대를 강화하고, 중국의 패권주의를 견제한다. 한미동맹을 공고히 하고, 한일협력을 강화해야 한다.

  - 한일FTA, 한일해저터널, 한일간 안보, 산업, 에너지, 의료, 교육 협력 등을 강화한다. 이를 기반으로 베트남 및 아세안, 러시아, 호주와 협력을 강화한다.

  - 동아시아의 스위스, 네덜란드를 지향한다. 일본, 중국, 러시아, 미국이라는 세계 인구, 경제, 군사, 자원 대국으로 둘러싸인 한반도의 지정·지경학적 조건은 우리에게 위기와 더불어 큰 기회를 가져다줄 수 있다. 한국은 동아시아 차원에서는 대륙과 해양의 가교(교류, 중개, 융합)이자 완충 국가이다. 세계적 차원에서는 선진국과 개도국의 가교 국가다. 태평양의 중심 국가이자 미국, 중국, 일본, CIS(독립국가연합)의 4대 강국에 모두 수십 수백

만 명의 교민이 있는 유일한 국가이다. 그러므로 한국은 유럽에서 스위스, 네덜란드, 벨기에가 하는 역할 그 이상을 할 수 있고 해야 한다. 주변국이 꼭 필요로 하는 가치, 문화, 재화, 서비스(금융, 지식, 교육, 문화예술 서비스 등)를 공급할 능력을 갖추어야 한다. 예컨대 중국 인민과 자산가들에게는 한국의 자유(통신, 표현, 언론, 출판, 집회, 결사), 치안, 인권, 신뢰와 강력한 재산권 보호도 매력적인 상품이 될 수 있다.

- 동아시아의 가교이자 허브 국가가 되기 위해서는 주변국의 언어, 문화, 역사, 법에 통달한 청년들이 많이 배출되도록 한다. 한국사와 더불어 세계사 및 동아시아사를, 한국지리와 더불어 세계지리 및 동아시아 지리를, 영어 외에도 일본어, 중국어, 러시아 어에 능통한 청년들을 집중 육성한다. 이들 국가들과 중고교, 대학 차원의 교류 협력을 증진한다.

- 더 적극적, 체계적, 조직적으로 세계로 진출한다. 대한민국은 2차대전 후 산업화, 자유화, 민주화와 자연환경 복원(산림녹화) 등을 동시에 이루어낸 나라로서 대륙과 해양, 선진국과 후발 개도국의 가교 국가이자 새로운 문명과 문화의 창달자로서의 세계사적 사명을 적극 수용해야 번영의 길이 열린다. 다시 말해 개인, 기업, 지방, 국가 차원의 세계경영 전략이 대한민국 번영의 길이

며, 지구촌과 대한민국이 공영하는 길이다.

- 정부와 정당은 개인, 기업, 지방이 해외 진출을 더 적극적으로, 더 체계적으로, 더 소직적으로 하도록 지원하고 선도한다. 해외 비즈니스, 유학, 선교, 관광, 현지 교민들의 경험, 지식, 인적자산(네트워크)을 최대한 활용하고, 해외 진출을 위해 더 긴밀한 협력을 조직한다.

- 더 강력한 해외 교민 및 진출 기업 보호를 위해 해외교민청과 산업한류청을 운영한다. 동시에 중소기업과 70억 인류를 연결하는 중간 지원조직으로서 민간종합상사를 육성한다.

2절 대북 안보통일 전략

지구상에서 육지로 국경을 맞대고 있는 나라 중에서 경제력 격차가 가장 큰 두 나라가 남한과 북한이다. 1000년 이상 통일국가를 형성해 왔고, 지금도 통역이 필요 없는 같은 언어를 사용하지만 국가와 사회를 지배하는 철학, 가치, 정치체제가 가장 이질적인 두 나라가 남한과 북한이다. 북한은 개인의 자유와 존엄을 가장 무시하는 전체주의 국가이다. 자주·통일·사회주의 강성대국 등을 표방하며 인민의 눈과 귀를 막고, 손과 발을 묶고, 위계와 서열을 매겨 차별하는 노예제 국가다.

하지만 경제력은 남한이 압도하지만, 한미동맹 전력을 제외하면 군사력과 인민 동원·통제력은 북한이 압도한다. 핵개발을 완료했기 때문이다. 인류 역사에서 이렇게 경제력과 군사력 격차가 크고 철학, 가치, 정치체제가 이질적인 두 국가가 장기간 공존, 공영하면서 평화적으로 통일한 사례는 없다. 수령독재체제 북한이 자유민주주의 남한 쪽으로 수렴된다면 몰라도, 절대 평화적으로 통일될 수 없는 빙탄불상용氷炭不相容 관계다. 이것이 남북관계의 불안정성의 근원이자 한반도에 양국 체제가 정착되기 어려운 이유이다. 그러므로 북한의 비핵화, 개방화, 자유화, 민주화를 통해 문명 격차가 획기적으로 줄지 않으면 한반도의 통일은 물론 평화와 공영도 불가능하다.

북핵 대응 전략의 패러다임 전환이 필요하다. 1980년대 말부터 표면화된 북한 핵문제를 해결하기 위해, 지난 30여 년 간 북한과 한국, 미국은 계속 북한 비핵화 협상을 해왔다. 역대 한국 정부와 미국정부는 남한이 대규모 경제적 지원을 약속하면, 미국이 확고한 체제안전을 보장하면(선제공격 의사가 없음을 문서와 의회 결의로 확인해 주면), 미국과 북한이 관계정상화를 하면 북한이 핵을 포기할 것이라는 낙관적인 가설을 가지고 있었다. 이는 완전히 틀렸다는 것이 확인되었다. 북한의 핵 보유 동기를 오판하고 의지를 과소평가하였다. 북한은 미국과 한국의 정권교체기(2016~2017)를 틈타 집중적으로 핵과 미사일 실험을 하고, 2017년 11월 핵무력 완성을 공언했다.

김정은은 2018년 신년사를 통해 핵무기 대량생산과 실전배치를 공언했다. 이로써 북핵문제는 완전히 다른 국면으로 진입했다. 북한은 이제 핵은 핵대로 갖고, 핵 공갈로 제재도 풀고, 싸울 의사가 없는 부유한 남한을 약탈하는 것을 전략목표로 삼고 있다. 그러므로 뭔가 큰 경제적, 군사적, 외교적 대가를 주고 북한의 비핵화를 끌어낸다는 빅딜 패러다임 자체를 폐기해야 하는 상황이 되었다. 따라서 북한이 핵개발 중이던 시대가 아닌 2018년 이후는 과거 햇볕정책이라는 이름으로 추진하던 개성공단, 금강산관광, 북한 철도 건설 지원 등은 돈으로 노예의 평화를 사려는 조공행위일 뿐이다. 9.19 군사합의는 완전히 시대착오적이다.

문재인정부는 세 차례의 남북정상회담을 했음에도 구체적인 비핵화 의지를 전혀 끌어내지 못하였다. 문재인정부가 최대의 치적으로 내세우는 한반도 전쟁 위협 해소는 미국과 한국의 정부 교체기(2016~2017)를 틈탄 북한의 압축적 핵·미사일 시험 후, 국제사회의 응징을 회피하려는 북한의 전략에 충실히 부응해준 것에 다름 아니다. 핵·미사일 시험으로 인해 불안정하던 김정은 정권을 공고하게 만들어 주었다. 북한은 핵 능력을 더 고도화하여 비핵화는 더 멀어졌고, 불안정하던 김정은 정권은 안정되었고, 노예의 평화는 더 가까워졌다.

- 지금은 북한 비핵화의 마지막 기회이다. 이 기회는 아직 완전히 물건너 가지 않았다. 북한 비핵화 원칙(CVID)에 대한 일괄 합의와 단계적 이행은 여전히 뒤로 물릴 수 없는 원칙이다. 그 시작은 북핵 리스트 제출이다. 세계 시민들과 함께 북핵 폐기와 북한 인권 개선 운동을 전개한다.

- 비핵화 요구를 지속하되, 비핵화 불가시 남한에 대해 핵을 사용할 엄두를 내지 못하도록, 무엇보다도 핵을 갖고 있는 것이 국익에 도움이 되지 않는다는 것을 인식시킬 수 있도록 다양한 형태의 경제적 제재와 한 차원 높은 군사적 방어, 응징 수단(핵균형 전략)을 마련한다.

- 그 어떤 경우에도 북한체제의 주민과 시장에 대한 통제력 강화에는 협력하지 않는다. 인민의 자유, 인권, 개방(정보) 확대, 강화를 지속적으로 요구한다.

- 북한 비핵화에 전혀 도움이 되지 않는 9.19군사합의는 폐기하고, 북핵 대응 B플랜을 마련한다.

- 국민개병제를 유지하되, 의무 복무 기간은 줄이고, 전문 지원병(재입대)제를 확대하여 군의 과학화(전자화), 전문화(직업화), 효율화를 추진하고, 국방 벤처산업을 적극 육성한다. 군 경력은 경찰, 소방 등 치안, 안전 공무원 채용시 우대한다.

3절 정치·정당 개혁

정치개혁

지금 밀어닥치는 모든 위기의 근원은 본말이 전도된 정치다. 소명과 국가경영 실력을 뒷전에 두고 권력과 공직만 탐하는 정치가 만악의 근원이다. 위기를 증폭하는 것도 정치고, 위기를 타개하는 것도 정치다. 일부 사회주의 국가를 제외하면 한국만큼 많은 가치, 자원, 에너지를 좌지우지 쥐락펴락하는 국가와 정치는 없기 때문이다. 지금 쓰나미처럼 밀어닥치는 국가적 위기는 한 두 정권의 폭정과 실정으로 생긴 것도 아니요, 한 두 정당의 혼미와 무능으로 생긴 것도 아니다.

대한민국 자유민주주의와 자유시장경제를 왜곡하는 최고, 최대의 원흉은 공공의 이름으로 너무나 많은 것을 좌지우지하면서도, 전혀 공공성을 구현하지 못하는 정치다. 정치가 영혼이라면 몸체는 제왕적·전제적 국가권력과 이를 뒷받침하는 법이다. 대한민국 국가권력은 기본적으로 과잉과 집중이고, 권력에 대한 외적 견제·균형 장치와 내적 자율 제어 장치(직업윤리 등)가 다 부실하다.

국가권력 과잉은 국가권력(국가기관과 권력자)이 법규제와 자의적 해석·집행 등으로 관여, 개입 혹은 좌지우지하는 영역이 광대무변하다는 것을 의미한다. 상층, 중앙 권력이 조직의 하부나 주변 그리고 시장, 민간, 사회, 개인의 생사여탈권을 틀어쥐고 있다. 권력 과잉은 공적 강제력=폭력 과잉이며 시장, 사회(커뮤니티), 개인 및 지방의 자유, 자치, 자기 책임의 과소를 의미한다. 국가권력 과잉이 해소되지 않으면 대통령과 국회(의원) 권력을 아무리 축소 분산하고, 선거제도와 정당체제를 어떻게 개혁해도 정치가 제 역할을 하게 할 수 없다.

제왕적·전제적 국가권력은 권력의 '과잉' '집중'과 '견제와 균형 장치의 부실' 3개가 결합되어야 탄생한다. 역사는 제왕적·전제적 권력이 내적(자율적) 제어 기제(내부고발과 직업윤리 등)까지 부실하면 자주 혼군과 폭군이 출현한다는 것을 가르쳐 주었다.

한국에서는 대통령만 제왕적인 것이 아니다. 국가 그 자체가 제왕적이다. 대통령, 행정부(직업공무원과 지자체장), 국회(의원), 사법부(법관) 등도 제왕적 권력을 갖고 있다. 특히 행정부 권력이 제왕적이다. 제왕적 권력은 아래로부터의 종적 통제도, 권력 기관간 횡적 견제와 균형도, 내면적 통제(종교나 직업윤리에 의한 자율적 통제)도 잘 작동하지 않는 곳에서 출현한다. 사생결단의 권력투쟁도, 정치의 본말전도도, 소모적인 경쟁과 갈등도, 국가주의와 약탈주의(지대추구)도 기본적으로 제왕적·전제적 국가권력에서 연유한다.

- 정치(관계법)개혁에 앞서서 전제적 권력 그 자체를 축소하고

철폐한다. 수많은 정부기관(대통령, 국회, 행정부, 사법부 등)과 공무원들이 휘두르는 자의적 권력 그 자체를 축소, 분산하고 종적, 횡적으로 견제, 균형 하에 놓는다. 각종 법령을 재검토하여 국가 권력의 절대량(관여, 개입 범위) 자체를 줄이되, 우선적으로 행정부 권력을 줄인다. 법안제출권, 예산편성권, 회계·정책 감사권을 (지금의 국회가 아니라) 권한과 책임이 일치하고, 견제와 균형이 잘 작동하는 '개혁된 국회(상하원)'로 이관한다. 감사원은 미국의 연방회계감사원(Government Accountability Office)을 참고하여[1] 전문성, 독립성, 중립성이 흔들리지 않도록 한다.

  – 권력을 횡적으로 분산, 분권한다. 이를 위해 사정·감독·감사 기능(경찰, 검찰, 감사원, 국정원, 국세청, 공정위, 금융위 등)은 행정부에서 제4부(감독부)로 독립시킨다.

  – 권력을 종적으로 분산, 분권한다. 이를 위해 상하 양원제를 도입하고, 지방자치분권을 강화한다. 지방이 연방 수준의 자치권을 가지면 당연한 일이지만, 설사 연방국가가 아니라고 해도 상원은 법률 품질 제고를 위해 필요하다. 행정부, 입법부(국회), 사법부 권력도 기본적으로 사적 자치가 잘 작동하는 시장으로, 지

---

[1] 미국 연방회계감사원장은 임기가 15년으로 상하의원 8명으로 구성된 추천위원회가 추천한 후보가 임명되면 탄핵이나 연방의회 양원 가결이 없는 한 해임이 불가능함

방으로, 주민에게로, 해당 분야 (공공성, 전문성, 정치적 중립성을 견지하는) 전문가에게로 분산, 분권한다. 검찰과 법원의 수사, 기소, 재판 등에 배심원제를 적극 도입하여 견제와 균형이 잘 작동하도록 한다. 또한 국민소환제, 국민발안제, 마을총회 등 직접민주주의적 요소를 강화한다. 권력자와 권력기관에 대한 견제와 감시를 위한 기구 구성시 추첨제 도입도 여전히 필요하다.

 - 권력분립을 내실화한다. 행정권력과 입법권력이 융합되는 추세를 감안하여 사법권의 독립을 강화하고, 법관들의 실물 경제와 복잡미묘한 인간사에 대한 이해력을 높여 보편 이성과 양심에 충실하도록 만든다. 따라서 법관이 더 현명해지도록 임용 방식을 개혁하고, 법관이 권력이나 특수이익집단이나 떼법(국민 감정)에 휘둘리지 않도록 신분보장을 강화한다.

 - 권력 행위 전반을 국민이 다 들여다볼 수 있게 최대한 공개한다. 권력자와 권력기관들을 최대한 어항 속에서 노는 금붕어처럼 만든다.

 - 권력(공공리더십)의 품질; 즉 공공성, 전문성, 책임성을 제고한다. 권한(자리)과 책임(실력) 일치시켜 평가, 보상, 책임 추궁이 합리적으로 작동하도록 한다. 신상필벌의 원칙을 구현하여 공직

자와 권력기관들이 자신의 소명을 이행하기 위해 노심초사하게 만든다. 실효성은 없으면서 국회의원의 (공무원과 기업 등에 대한) 갑질 기회만 제공하는 국정감사제도를 폐지한다.

- 생산적 정치경쟁과 대승적 정치협력이 가능한 선거제도를 만든다. 정치가 자신의 소명에 충실하도록, 특히 생산적 정치경쟁과 대승적 정치협력(연정과 협치 등)이 용이하도록 대통령, 국회의원, 지방자치단체장, 교육감, 지방의원 선거제도를 개혁하고, 정당체제와 국회운영 방식을 개혁한다.

- 국회의원 소선거구 상대다수 득표제와 결선투표 없는 제왕적 대통령제는 승자독식 선거제도로서, 양강·양당 구도를 강제하고 분단, 전쟁, 독재라는 불행한 역사적 경험과 허위 선동과 맞물리면서 정치적 대립을 선악, 정사, 정의-불의, 종북좌익-친일독재 간의 사생결단의 대립구도로 몰아간다.

- 제왕적 대통령과 비토권만 비대한 단원제 국회를 철폐하고, 상하 양원이 서로 견제하고 협력하는 의원내각제로 개혁한다. 동시에 정당 발전을 뒷받침하는 독일식 연동형 비례대표제를 채택한다.
- 국민들이 의원내각제에 동의하지 않아 대통령 중심제를 채

택한다면, 대선 결선투표제와 중대선거구제를 도입한다. 대통령과 행정 각부 장관과 공공기관장의 인사권과 주요 지시들을 보편이성과 상식에서 어긋나지 않도록 투명화(공개화), 문서화하고, 사전사후 검증이 가능하도록 한다. 국가 권력 행위(해석, 판단, 처벌, 예결산, 인사, 감사, 조사, 지시 등)를 상세하게 기록하고 공개를 원칙으로 한다. 권력이 공공적(public) 가치보다는 사적(private) 가치를 좇는 큰 이유 중의 하나는 권력 행위의 많은 부분이 장막 뒤에서 비공식적(informal)으로 이루어지기 때문이다.

- 법을 법답게 만든다. 법에 의한 지배(rule by law)가 아니라 법의 지배(rule of law)를 정착시킨다. 특히 조선 왕조와 문재인 정부를 관통하는 자의적 국가 규제와 형벌을 대폭 축소하여 전과자를 획기적으로 줄인다.[2] 이를 위해 과도하고 자의적인 국가 규제 및 형벌의 모태인 '쓰레기법'과 '이현령비현령'의 모호한 법령을 철폐, 개정한다.

- 법원 검찰 등 사법기관의 사법행위와 기타 행정부의 징벌행

---

2) 김일중(성균관대 교수)가 2013.11.7 한국경제연구원 주최 국제심포지엄에서 발표한 자료 '기업활동에 대한 과잉범죄화'에 따르면 "2010년 기준 누적(累積) 전과자 수는 1,108만명으로 15세 이상 인구의 26.5%"에 달하는데, 이는 "국민들의 일상생활 중에 일어난 법법행위나 경제활동에 관련된 단순 행정 규제 위반자까지 형사사범으로 엄중하게 처벌하기 때문"이라고 하였다. "가령 식당업주가 위생법을 심하게 위반했거나, 생계형 운수업 종사자들이 도로교통법규를 과도하게 위반했을 때, 공장 등에서 안전, 환경, 노동 등 각종 법규를 위반한 경우, 그리고 그린벨트 내에서 건축물을 짓거나 물건을 쌓아놓은 경우 등"이다.

위(수사, 조사, 감사, 인허가 등)에서 직권 오남용 시비가 발생하지 않도록 결정이나 처분의 근거를 상세히 남기고, 사후적으로 엄격히 책임 추궁이 가능하도록 한다. 특별히 공직에 대한 인사(승진, 승급, 보직)와 감사와 징계를 보다 투명하고 공정하게 행사하도록 그 근거와 내용을 상세히 공개한다.

  - 법원, 검찰, 국세청, 감사원, 금융위, 방통위, 선관위 등의 처분, 해석의 근거와 내용을 최대한 상세히 공개한다.

  - 인사, 징벌, 인허가를 좌우하는 인사와 지배운영구조가 최대한 공공성, 전문성, 중립성이 담보되게 한다. 대통령과 여당, 야당의 정치적 이익뿐만 아니라 관련 부처와 기관(노조)과 다양한 사적 연고(학연, 지연, 혈연 등)의 특수이익 추구로부터도 최대한 자유롭게 한다.

  - 방송통신위, 규제개혁위, 노동위, 공영방송 지배구조 등 제반 합의제 기구의 구성 방식을 개혁하여(예컨대 정당 추천시 상호제척권을 도입하여), 공공성, 전문성, 정치적 중립성이 유지될 수 있도록 한다.

정당개혁

정당은 현대 국가의 왕이다. 한국은 양당 구도를 강제하는 선거제도와 중앙집권적인 권력구조 및 정당구조로 인해, 두 왕(당권파)의 중앙·지방 정치 독점은 공고하다. 하지만 대통령 중심제에서는 정당은 그 소명에 충실할 수가 없다. 1987년 이후 대한민국은 부실할 수밖에 없는 두 왕이 돌아가면서 국가와 사회를 지배하고 있다. 1987년 이전에는 사실상 대통령과 행정부가 왕이었고, 여당은 청와대의 여의도 출장소, 국회는 통법부 수준이었다. 민주주의를 억압했음에도 불구하고 선진국 모방, 추격으로 법제도와 정책을 만들어도 되었기에 효율성이 없지는 않았다. 하지만 1987년 이후 이 모든 조건이 변했다. 제대로 된 정당 없이 대한민국을 앞으로 가는 것은 고사하고, 그 자리에 있는 것조차 어렵다.

- 대의민주주의의 요체인 정당이 자신의 소명에 충실하게 만드는 제도와 문화를 만든다. 정당이 가치와 이념을 공유하는 결사로서 국정 노하우를 축적하고, 종합적이고 통일적인 국가비전과 정책을 정련하고, 정치 리더십을 선발, 검증, 교육·훈련하는 기능(본령)에 충실하도록 한다. 서구에서 30대 총리나 대통령이 나오는 것은 좋은 정당을 딛고 서 있기 때문이다. 개인의 집권이 아니

라 정당의 집권이기 때문이다.

- 정당으로 더 많은 인재와 자금, 더 다양한 계층이 들어올 수 있도록 한다. 동시에 더 민주적, 개방적, 공화적으로 운영되도록 한다. 하지만 선거가 사생결단의 전쟁 양상을 띠면, 전투조직인 정당의 민주화와 공화적 운영은 결코 쉽지 않다.

- 선출직 공직자가 통할하는 국가·권력은 너무나 비대하고, 정치는 양당·양강 정치독과점 체제인데, 당원의 책임과 의무는 지금처럼 느슨하게 하고(월 1~2천 원 당비 납부와 투표), 당원의 권한과 권리를 강화하면(핵심 당직과 공직후보자 선거권·피선거권 부여 등), 오로지 공직 후보를 노린 수많은 이익·이념·종교 집단이 당을 장악하기 위해 몰려들 수밖에 없다. 그러므로 정당의 강화와 민주화(당원 주권 등)의 전제 조건을 엄밀히 살펴야 한다.

- 대통령제(대통령 중심 권력구조), 특히 제왕적 대통령제에서는 정당의 강화가 쉽지 않다. 집권 주체는 사실상 개인과 대선 캠프이기 때문이다. 대통령제에서 여당은 권한(정부에 대한 영향력)은 크지 않으면서, 책임(정권 심판의 표적)은 다 지는 모순적인 존재이다.

- 한국의 양대 정당이 가치와 이념을 공유하는 결사에서 먼 것은 비대한 국가권력과 제왕적 대통령제 외에도, 정치독과점을 초래하는 선거제도, 사생결단의 대결 구도, 당원의 낮은 의무와 권리, 대통령제와 관련이 있다. 그러므로 당원의 권리와 의무를 동시에 강화하고, 서로 균형이 맞도록 한다.

- 선거제도, 권력구조 개혁과 상관없이 정당 설립요건을 완화하고, 기득권 편향의 정치자금법을 개혁한다. 하지만 정당의 난립을 방지하기 위해 의석 배분 기준 득표율은 5%로 올린다.

- 정당이 미래의 정치지도자들을 선발하고 교육·훈련하는 '정치학교'를 내실화한다. 정당의 교육비는 국고에서 보조한다.

- 정당으로 하여금 지지자 및 국민의 요구, 불만에 둔감하게 만들고 당권파가 당원과 정당민주주의를 무시하게 만드는 국고보조금 제도를 철폐한다.

4절 정부·공공개혁

Small Slim Smart Soft(flexible) 정부

대한민국은 조선 유교체제, 식민통치, 분단·전쟁과 정전체제, 국가 주도 경제발전체제로 이어지는 독특한 역사로 인해, 국가·권력과 공공부문의 영향력은 상업·무역·계약 전통과 지방자치분권 전통이 뿌리깊은 대부분의 OECD국가들(유럽, 미국, 일본, 영연방, 멕시코, 칠레 등)과는 비교할 수가 없을 정도로 크다. 한국의 지리, 인구적 조건과 지대 할당 방식의 산업발전 전략으로 인해 수요와 공급이 독과점화 되어 있는 산업(업종)이 많다. 그 결과 한국의 생산물 시장과 생산요소(노동, 금융, 부동산) 시장은 그 어떤 나라보다도 국가의 규제와 간섭이 심하다. 노동시장, 금융시장과 에너지(전기, 가스, 석유 등)산업, 보건의료산업, 토목건설(주택 SOC)산업, 교육, 농업, 국방, R&D, 방송통신, 공공정책 분야 등은 국가 규제, 정책, 예산, 공기업 및 공공기관에 의해 좌지우지된다. 대학과 방송통신과 공공정책연구 분야 역시 마찬가지다. 그러니 사회의 향도이자 목탁인 언론과 지식사회도 눈치보기와 몸 사리기를 하지 않을 수 없다.

재벌·대기업과 중소협력업체의 힘의 격차 혹은 상호 선택권 및 거부권의 불균형은, 국가 주도로 수출 대기업이 먼저 생겨난 다음, 부품 국산화 전략에 따라 중소협력업체가 생겨났기 때문이다. 한국 중소기업은 오랫동안 재벌·대기업(납품이나 대기업 종합상사)을 통하지 않으면 해외시장으로 진출하기 힘들었다. 이것이 헌법에 중소기업 보호 조항이 들어가고, 시장(거래와 계약)에 대한 국가 간섭과 통제가 많은 이유다.

대한민국을 내부에서 위협하는 최대의 적은 자본과 재벌·대기업이 아니라 혼미하고 사익편향적인 정부와 특수이익 집단이다. 신자유주의의 과잉이 아니라 국가주의·도덕주의의 과잉이다. 그러므로 글로벌 시장에 의해 규율되는 재벌·대기업에 대한 의심보다 국내독과점에 안주하는 정치와 정부와 노조 등 특수이익집단에 대한 의심이 백 배는 강화되어야 한다. 권력 행위의 근거는 더 상세하게 공개하고, 감시는 더 다면적으로, 치밀하고, 권력 오남용에 대한 징벌(책임)은 더 준엄하게 해야한다.

경제개혁의 킹핀은 독점과 특권의 본산이자, 부당한 약탈과 억압의 중심인 정부 및 공공부문의 규모, 권능을 최소화, 투명화, 효율화, 유연화, 공공화하는 것이다. 최우선 과제는 먼저 정치와 공공이 쥐고 흔드는 형벌, 규제(인허가), 예산, 세금, 공기업과 공공부문의 보수, 인사, 조직을 투명하게 공개하고 민주공화적인 통제를 가하는 것이다. 재벌·대기업이 받은 의심, 관심에 비해 국가, 공기업, 민간독과점, 규제산업, 면허직업의 억압, 착취, 낭비는 상대적으로 덜 주목을 받아왔다. 여전히 재벌(대규모 기업집단)의 상호출자 관계, 지배구조, 내부거래 등에 대한 분석과 감시가 필요하지만 더 중요한 것은 수백 개의 산업·업종·직업의 시장구조에 대한 분석에 근거한 맞춤형 대응이다.

- 공기업과 공공기관과 자의적으로 사용되는 예산과 기금(재량 지출) 자체를 최대한 줄인다. 공무원 규모와 공공기관의 숫자뿐 아니라 그들의 관여 업역 자체를 줄인다. 공무원 등 공공부문의 인적 규모와 수입, 지출 규모 자체를 축소한다.

- 공기업과 공공기관의 숫자와 인적 규모를 30% 줄인다. 우선 분리징수되는 4대보험(국민연금, 건강보험, 산재보험, 고용보험)을 국세청에서 일괄적으로 징수한다.

- 독점 공기업은 최소화한다. 일단 독립채산이 가능하고 효율적인 단위(가치사슬)를 중심으로 공기업을 분할하여 경쟁체제를 만들고 가능하면 민영화한다. 존치하는 공기업은 지배구조를 공공성, 전문성, 중립성을 제고하는 방향으로 개혁한다.

- 인증, 진흥, 육성, 발전, 지원, 보호를 명분으로 내건 공공기관과 관련 법령을 전면 재검토하여 일몰제를 실시한다. 국가가 더 단단히 틀어쥘 것은 틀어쥐고, 최대한 많은 가치사슬은 공정한

경쟁이 가능한 시장으로 내몬다.

- 독점 업역과 국가규제에 의해 만들어진 공공기관을 축소하고, 투명성을 획기적으로 제고하며, 종사자 처우 기준을 재정립한다.

- 공공의 양반화, 관의 상전화를 철폐하기 위해 공무원 임용, 승진, 보직, 감사, 임금, 연금 제도를 개혁한다.

- 승진에 목매게 하여 인사권자에게 한없이 비굴할 수밖에 없게 만드는 현행의 9품 계급제를 직무 중심으로 전환한다. 더 세분화되고 더 합리적인 직무급을 도입한다. 소방, 경찰, 복지 등 위험하고 힘든 직무, 고도의 전문성이 필요한 직무와 나머지 분리하여 필요한 곳은 상향한다.

- 공무원 인사, 조직을 개방화, 전문화, 유연화한다. 개방직, 계약직, 정무직을 대폭 확대하고 신규 채용자는 5년 계약직, 7년 계약직, 10년 계약직을 기본으로 한다. 장기적으로 정년보장직 50% 이상 감축한다. 정년보장은 대학의 테뉴어 교수처럼 업적 심사평가를 통하여 매우 예외적으로 주어져야 한다.
- 저위험 저수익, 고위험 고수익 원칙하에 계약직, 임시직 보수

는 상향한다. 현대판 '소년등과'와 '관료마피아' 폐해를 초래하는 5급 고시를 폐지하고, 7급과 9급은 존치하며, 9급은 고졸자, 다자녀 가구, 3D업종 경력자 등에게 50% 쿼터 제공한다. 공공부문의 하위직 신규채용이 꼭 필요하다면 시험 선발은 50% 이하로 하고 나머지는 철저한 지역, 계층, 학력, 경력 할당제를 실시한다. 지방 거주자, 저소득층, 고졸자, 3D 업종 종사자, 결손 가정 등 눈물 젖은 빵을 먹어 본 사람을 우대한다. 일정한 기준을 만족하는 사람들 중에서 추첨으로도 뽑을 수도 있다.

 - 일본의 공무원 급여법을 참고하여 한국의 공무원 보수(급여)법을 제정한다. 보수 기준을 상시근로자 100인 이상 민간기업이 아니라 전체 근로자의 중위임금으로 바꾼다. 공무원과 공공부문의 고용(임용과 면직), 임금, 연금, 복지 등을 민간 중소영세기업과 근로자 중위 값을 참고하여 재설계한다. 공공부문이 솔선수범하여 철밥통 및 호봉제와 기업복지를 철폐하고 직무급을 도입한다. 공무원 연차 휴가를 70% 의무 소진하고, 공무원 시간외 근로를 70% 의무 감축한다

5절 경제·노동 개혁

시장질서 개혁

한국에서 시장이 잘 작동하는 영역, 즉 경쟁과 거래가 자유롭고 공정하거나 상호 대항력의 균형이 잡힌 영역은 의외로 적다. 이런 곳은 격차는 클지언정 우월적 지위의 오남용(지대추구) 시비는 잘 일어나지 않는다. 하지만 독과점, 국가규제 등으로 인해 시장이 잘 작동하지 않는 영역에서는 대체로 먹이사슬 구조가 형성되어 갑질이 횡행한다.

한국은 시장의 생명인 자유, 경쟁, 가격, 개방, 융합(영역 침범 등)이 억압되고 왜곡된 곳이 너무 많다. 사회적 약자들의 삶터는 대체로 개방과 경쟁이 과잉이고, 사회적 강자들의 삶터는 개방과 경쟁이 과소하다.

규제(노동관계법 등), 감독, 사법, 예산 등이 너무 기득권 편향적으로 운용된다. 돈은 없지만, 창의와 열정이 뛰어난 존재들의 희망과 도전의 사다리 역할을 하는 금융도 너무 안정 위주, 기득권 위주로 운용된다. 그로 인해 경제와 산업구조 전반이 위계와 서열이 강고한 먹이사슬 구조로 되어 있다. 이것이 반기업 정서와 과도한 국가규제의 산실이다.

정의·공정의 핵심은 국가가 보호·육성·균형자를 자처하며 강권력으로 억강부약하는 것이 아니다. 약자와 을들을 자조, 연대, 자위하게 하여 거부권과 선택권을 강화하는 것이 중심이어야 한다. 지금 한국에서 최대의 갑질범은 공공의 이름으로 착취와 억압을 일삼는 정부와 공공기관과 특수이익집단(노조)이다.

그 동안 시장의 불균형, 불공정, 갑질 문제 등을 약자의 힘을 강화하여 해결하는 것이 아니라 약자에 대한 국가의 더 많은 보호, 배려, 간섭, 통제, 형벌로 해결하려고 해왔다. 그 결과 법령에는 형벌 조항이 너무나 많다. 한국경제연구원(원장 권태신)이 경제법령 상 형벌규정을 전수 조사한 결과 2019년 10월 말 기준 285개 경제법령상 형사처벌 항목은 2,657개였다. 이는 20년 전인 1999년 1,868개 대비 42%가 증가한 것이다. 특히 2,657개 형사처벌 항목 중 기업과 기업인을 동시에 처벌하는 것이 83%(2,205개), 징역 등 인신 구속형이 89%(2,288개)였다. 이는 기본적으로 정치 부실(독과점, 혼미, 무능)에 따른 것이다. 국가의 개입, 조정, 통제 수단인 규제, 감독, 사법, 예산, 금융, 공기업, 공직인사 등은 거의 다 지대추구의 수단이 되었다. 문재인정부는 이들 공공과 진보를 참칭하는 지대추구 세력의 이해와 요구를 대변하면서 탄탄한 지지율을 기록해 왔기에 개혁의 무풍지대가 되었다.

- 자본, 금융, 토지, 노동, 기술 등 생산요소의 창조적 해체와 결합이 원활하게 이루어지도록 한다. 무엇보다도 능력 있는 기업이

별 부담없이 국내 투자와 고용을 늘리고, 능력 있는 인재가 국내 창업과 민간기업 취업에 과감히 뛰어들도록 사회적 유인보상체계와 위험완충체계를 만든다.

- 재산권(경영권)과 노동권 혹은 공공복리, 공공과 민간, 기존 취업자와 미래 취업자 간 권리의 극심한 불균형을 바로잡는다. 권리와 의무, 위험·공헌과 이익, 혜택과 부담, 죄와 벌의 균형을 저해하는 국가규제와 노조 등의 기득권을 혁파한다.

- 파탄난 소득주도성장 전략을 폐기하고, 자유(시장) 주도, 개척(세계경영) 주도, 유효수요 고도화·산업화 주도 성장전략을 근간으로 삼는다. 4차 산업혁명 관련 산업과 더불어 충분한 발전 잠재력이 있으나 불합리한 규제로 옥죄어 놓은 금융, 교육, 의료, 엔터테인먼트 산업과 과도한 보호 지원으로 점철된 농생명 산업 발전에 힘쓴다.

- 우월적 지위에 따른 이른바 갑질은 약자와 을의 자조와 연대, 생산성 향상을 통해 극복한다. 국가규제와 처벌은 필요 최소한으로 한다.

- 기업 징벌 수단이 된 세무조사를 철폐한다. 세무조사 면제가

무슨 특혜처럼 여겨져서는 안 된다. 국세청은 납세자의 친절한 세무 안내자가 되도록 만든다.

- 노동관계법(최저임금, 근로시간, 부당 노동행위 등), 산업안전보건법, 화학물질관리법, 하도급법 등에 즐비한 기업인에 대한 과도한 형사처벌 조항을 획기적으로 줄인다. 형사를 민사로 전환하고, 종업원의 위반 행위에 대해 기업과 기업인에게 과도한 책임을 묻는 조항을 폐지한다.

- 최대 65%(최대 주주 보유 주식 지분 상속시)에 이르는 세계 최고 수준의 약탈적인 상속세를 대폭 인하한다. 만약 주식을 팔아 상속세를 내게 되면 양도세가 22%이기에 상속재산의 87%를 세금으로 내는 것이다. 기업의 대물림을 차단하려는 목적으로 만들어진 이 제도는 기본적으로 가족을 통한 사회적 축적을 부정하는 것이다. 기업 상속세는 면세 또는 이연移延한다. 상속세와 고용을 연계하여 감면한다.

- 부동산 거래세는 대폭 인하하고, 약탈적 보유세(재산세, 종부세)는 합리화한다.

- 규제는 원칙적으로 '금지되지 않은 것은 허용된다'는 네거티

브 시스템으로 운용하며, 규제개혁 배심원단을 운영한다. 규제의 목적, 비용, 실질적인 수혜자 집단, 현실의 준수 여부 등을 조사하여, 고리 5, 6호기 문제를 다루었던 공론화기구(규제개혁 배심원단)를 구성하여 규제의 존폐와 일몰 시점을 제안하도록 하고, 정부는 최대한 그 결론을 존중한다. '기업이 규제를 왜 풀어야 하는지 호소하고 입증하는 현재의 방식보다는 공무원이 규제를 왜 유지해야 하는지 (규제 존속이나 폐지를 심사하는 재판정의 배심원단에게) 입증케 하고, 입증에 실패하면 자동 폐지토록 하는 방식으로 바꿔야 한다'는 퍼시스 이종태 회장의 제안('기업인과의 대화', 2019. 1. 15)을 전향적으로 검토한다. 특별히 의료와 엔터테인먼트 관련 규제를 선 검토한다.

노동개혁

기업이 고용을 그리 부담스러워하지 않도록 시간제, 기간제, 파견 근로 등을 폭넓게 인정하고 이들의 위험·부담을 선진적 사회 안전망으로 완충한다. 비정규직 없는 세상이 아니라 비정규직이어도 억울하지 않고 살 만한 세상을 만든다. 정규직과 비정규직이 노사의 처지, 조건에 따라서 얼마든지 선택 가능한 옵션이 되도록 만든다. 특별히 탈원전 정책을 폐기하고 태양광과 중국산 전기버스 관련 부정비리를 규명한다.

한국의 고용체제 내지 노동시장은 과거 조선 체제처럼 '거대한 위선' 덩어리다. 우리 시대 가장 심각한 시대착오다. 조선 체제의 최대 수혜자이자 사수대는 양반사족들이었다면, 한국 고용체제의 최대 수혜자이자 사수대는 공공부문과 조직노동이다. 이들은 진보를 참칭한다. 청년·미래세대와 영세기업과 자영업의 취약 근로자가 최대 피해자다.

시장, 산업, 기업, 고용 문제의 세계적 보편성과 한국적 특수성을 고려한 새로운 고용체제=고용패러다임이 필요하다. 세계적 보편성은 지식정보화와 글로벌화, 중국과 인도와 동남아의 세계시장 참여(제조업, R&D), 제4차 산업혁명 등이다. 한국적 특수성은 노동조합과 노사관계, 상법 및 노동관계법(인력·조직·근로조건의 경직성), 고용임금 사상(지대추구 경향), 너무 높은 공공표준, 고학력 취업난(산업- 교육의 미스매칭), 생산물 시장 구조, 금융 등 창업 환경, 민간 독과점 등이다.

새로운 고용체제가 주요하게 고려해야 할 환경은 다음과 같다.

첫째, 인간의 수명을 제외한 모든 존재들; 상품, 기술, 설비, 기업, 직업 등의 수명이 짧아졌고, 변화부침, 탄생 소멸도 극심하다.

둘째, 통신수단과 교통수단 등의 발달에 힘입어 상품과 서비스 생산과정은 공간적, 시간적 분리가 쉽다. 노동의 기능적 분화(세분화, 전문화, 분업화)를 통한 생산성 향상도 피할 수 없다. 분리, 분화, 통합 여부는 거래비용에 달려 있는데, 한국은 내재화(정규직)했을 때 그 비용과 위험이 너무 높아지기에 한국 기업들은 외주화 충동이 강하다. 그러므로 기간제, 시간제(파트타임), 파견·용역·호출 등 특수형태 근로의 증가는 법으로 막을 수 없다. 비정규직은 사라져야 할 악의 존재가 아니다.

셋째, 사람의 창의, 열정, 직무적성, 사회적 관계 역량 등의 총체인 노동생산성은 개인별 편차가 크지만 이를 사전에(일 시켜 보기 전에) 파악하기가 쉽지 않다.

넷째, 노동의 요구(임금, 안정, 보람 등)와 시장(기업)의 요구가 충돌하는 경우가 많은데, 한국의 높은 대학진학률과 산업·기업의 노동 수요의 충돌은 특별히 극심하다.

다섯째, 인공지능, 시지각 능력이 향상된 로봇 기술 등이 발달해도 일자리가 사라지고 있다고는 속단할 수 없다. 인간의 욕망은 무한대고, 이를 만족시키는 창의적인 상품과 서비스가 무한히 개발되기 때문이다. 또한 지구적 차원에서 보면 한국처럼 창의와 열정이 넘치고 억척스러운 사람이 많은 나라는 해외로 나가든지 해외에 먹히는 상품 서비스를 개발하든지 하여, 기술 발전에 따른 일자리의 소멸 및 축소라는 세계적인 보편성을 거스를 수 있다.

여섯째, 한국에서는 노사간 힘(선택권과 거부권, 파업권과 직장폐쇄권 등)의 균형이 현저하게 무너져 있다. 공기업과 대기업에서는 노조가 압도적인 힘의 우위에 있고, 중소기업에서는 정반대다. 근로기준법상 정규직 해고의 어려움과 노동쟁의조정법상 파업시 대체인력 투입 금지와 사업장 점거 허용이 결정적이다.

- 고용체제 내지 노동정책 패러다임을 전환한다. 고용형태(계약)의 자유화, 다양화, 유연화, 임금체계의 공정화, 단순화를 추진한다.

- 정규직은 정상, 비정규직은 비정상이라는 고용 패러다임을 철폐한다. 한국식 정규직은 축소하고, 유럽식 정규직을 확대한다. 노동시장의 정의·상식에 정면 반하는 한국식 정규직이 줄어들고, 유럽식 정규직이 늘어나면, 즉 다양한 고용형태, 적정한 고용유연성(상대적으로 약한 정년보장), 직무와 성과에 상응하는 공정한 임금체계가 확산되면 한국식 비정규직은 줄어들게 되어 있다.

한국의 근로기준법은 한 번 정규직으로 채용되면 정리해고, 징계해고, 정년퇴직 외에는 근로자 의사에 반하여 내보내는 방법이 없고, 직무성과가 바닥이어도 임금을 깎을 수도 없다. 대기업과 공공부문에서는 노조가 압도적으로 힘의 우위에 있기에, 이들이 누리는 높은 권리, 이익에 따른 위험, 부담을 누군가는 받아안아야 한다. 이것이 (유럽, 미국, 일본보다) 훨씬 더 적극적으로 외주화를 추진하도록 만들고, 대기업화를 가로막고, 갑- 을 모순

(격차)과 비정규직 문제도 심화시킨다.

노동시장의 공정성, 유연성, 연대성, 안정성은 반드시 구현되어야 할 가치다. 하지만, 현실적으로 연공임금체계의 수혜자로서 새로운 노동환경에 적응이 어려운 한국의 중장년 근로자들이 받아들일 수가 없다. 공정성, 유연성의 충격을 감내하기 힘든 고임금 중장년 세대와 노동시장에 막 진입하는 청년 세대에게 동일한 형태의 고용계약을 강요하게 되면, 청년 세대가 불리할 수밖에 없다.

- 노동시장의 이중구조를 당장 고칠 수 없다면, 사회적 합의를 통해 신규 채용자부터 새로운 형태의 고용계약을 맺을 수 있어야 한다. 노동시장의 이중구조는 지금 신규 채용 공무원에게 하고 있듯이 이중고용 체제로 풀 수밖에 없다.

- 비정규직이어도 억울하지 않은 세상을 만든다. 시간제, 기간제 고용과 파견용역 고용 등 비정규직이어도 억울하지 않고 살 만한 세상을 만든다. 정규직과 비정규직이 노사의 처지, 조건에 따라서 얼마든지 선택 가능한 옵션이 되도록 한다. 생산성이 같다면 시간제, 기간제, 계약직 등 비정규직이 더 높은 임금을 받도록 공공부문부터 솔선수범한다.
- 근로기준법 제23조와 제24조에 대한 법원의 해석이 글로벌

스탠더드(경영상의 판단 존중)에 근접하도록 법률을 제·개정한다. 이해당사자간 무기의 대등성 원칙에 따라 파업시 사업장 점거를 금지하고, 대체인력 투입을 허용한다.

- 기간제 근로자(비정규직) 사용(기간) 제한법을 폐지한다. 사실상 8심제인 노동위원회제도를 폐지한다. 기업별 단체교섭을 중소협력업체까지 포함한 산업별 교섭으로 전환하지 않으면 안 되도록 노동관계법을 개정하여 기업횡단적인 직무급제를 확대한다. 동시에 국가 복지를 늘리면서 기업 복지는 축소한다.

- 일부 근로기준법과 노동관계법의 지방(광역 차원) 자율화를 추진한다. 광역지방자치단체는 최저임금, 공무원 고용임금, 고용규제(계약직, 파견직, 시간제 등) 등에서 자율권을 가질 수 있도록 한다. 예컨대 광주 지역의 노사정이 합의한다면, 조례를 통해 연봉 4,000만 원(적정임금)의 '광주형 일자리' 구상을 실험할 수 있도록 노동관계법 개정이 필요하다.

- 한국에서 노조는 선진국과 달리 산업, 지역, 직업 차원의 근로조건의 표준(공정가격)을 형성하여 시장의 공정성과 사회의 연대성을 강화는 것이 아니라 정반대 기능을 한다. 갑(원청)의 을(하청)에 대한, 대기업의 중소기업에 대한, 공공의 민간에 대한

약탈을 완화하는 것이 아니라 오히려 심화시킨다. 불평등과 양극화를 완화하는 것이 아니라 심화시킨다. 현재 노동관계법과 노조의 철학, 가치, 문화로는 노조는 결코 확대 강화될 수가 없다. 그러브로 노사협의회를 내실화(민주화), 중층화한다. 노사협의회는 지금처럼 직접 사용자와 근로자 간에도 해야 하고, 동시에 고용형태나 사용자를 불문하고 해당 사업장에서 일하는 모든 근로자와 이들에게 일을 시키는 모든 사용자 간에도 해야 한다. 그 대표는 민주적 절차를 통하여 선출되도록 한다.

- 최저임금을 산업·업종·지방·연령별 차등화 하고, 사회임금(실업수당 등 각종 사회수당, 근로장려금 등)을 인상한다. 생산성에 비해 너무 높은 최저임금은 5년간 동결한다. 단, 업종·연령·지방 차원에서 80% 혹은 90%로 감경할 수 있다.

- 건설과 제조업 분야 등 외국인 노동자를 적정한 수준으로 감축한다. 내국인 노동자를 유인할 수 있는 적절한 인센티브(보조금 등)를 제공한다.

불평등 양극화 해소

한국에서 임금 등 근로조건은 집단(기업)의 생산성 및 지대(초과이윤)와 개인(노동)의 생산성(숙련) 및 지대(초과임금)의 4중 중첩으로 정해진다.

개인(노동) 지대의 핵심은 생산성과 상관없이 근속 연수에 따라 자동으로 올라가는 연공임금체계와 기업별 단체교섭에 의해 올라가는 임금인상 관행이다. 이는 임금을 개인의 기여(생산성)에 대한 보상이 아니라 기업의 지불능력과 노동의 교섭력(단결투쟁력)의 함수로 보는 임금관에 의해 뒷받침된다. 또 하나는 임금을 기여(생산성)에 대한 대가가 아니라 생애주기상 필요에 대한 응답으로 보는 임금관이다. 더 근원적으로는 사람을 직무/기능/역할 중심으로 보는 것이 아니라(그렇다면 직무에 따른 기업 횡단적인 근로조건의 표준이 만들어질 것이다) 집의 식구로 보는 문화가 있다.

초과임금을 물질적으로 담보하는 것은 초과이윤이다. 이는 공공부문과 국가규제와 민간독과점 시장구조가 뒷받침한다. 이들은 국가 또는 과당경쟁(?)과 민간 불량사업자로부터 소비자나 공공성을 보호한다는 구실로 국가독점을 보장받거나 높은 진입 장벽(국가규제)에 의해 과잉보호를 받는다.

가장 심각한 문제는 4중 중첩구조, 특히 기업과 노동이 깔고 앉은 지대를 녹여내야 할 공공부문과 노동관계법이 이를 더욱 공고하게 만든다는 것이다. 단적으로 공무원의 보수 기준은 한국사회의 최상층인 상시근로자 100인 이상 기업의 임금을 기준으로 삼고 있다. 동일가치노동 동일임금을 부르짖지만 공무원과 공기업이 오히려 더 가파른 호봉임금체계를 유지하는 위선에 양심의 가책조차 없다. 그뿐 아니라 노동관계법도 대기업과 공공부문에서의 노조의 압도적 힘의 우위를 뒷받침하고 있다.

  - 생산력과 생산성에 비해 너무 높은 요구, 기대 수준을 적정화한다. 격차 해소는 중향평준화가 현실적 최선이다. 한국의 교사, 공무원, 공기업 근로자, 은행원(규제산업), 면허직업, 대기업 근로자(특히 블루칼라) 등 청년들이 선망하는 직업·직장의 임금이 우리의 1인당 GDP(생산력 수준)나 근로자 평균임금 혹은 중위임금 대비 월등하다. 단적으로 한국 대기업의 대졸 초임, 최저임금 수준, 공무원연금 수준 등은 우리보다 1인당 국민소득 수준이 20~30% 가량 높은 일본을 능가한다. 한국의 공공부문, 대기업, 규제산업·면허직업 종사자들과 국공립대 교수·교원 등 성 안 사람, 즉 지대 수취자들의 소득생활 수준을 정상으로 여기니 사회 전반적으로 요구와 기대수준이 너무 높다. 우리의 생산력 수준이나 변화부침이 심한 시장환경에 비해 근로조건이 너무나 높고 안정적(경직적)이다. 또한 이는 제반 생활비(식료품비, 통신비,

교통비, 교육비)를 끌어올린다. 지대 수취가 보장되는 성 안 진입 경쟁을 초래한다. 너무 높게 설정된 표준을 정상으로 여기니 뱁새가 황새를 따라가려다 다리가 찢어지는 것과 같은 폐해가 생겨난다. 최저임금 1만 원, 무리한 근로시간 단축, 공공부문 일자리 늘리기와 비정규직 제로화, 결혼 적령기 청년들의 배우자에 대한 요구수준과 높은 출발선, 과도한 해외여행과 대학진학률, 건설, 농업, 제조업(뿌리산업) 등 어렵고 힘들고 위험한 일자리에 대한 청년 구직자의 극단적인 기피와 외국인 노동자의 홍수 등은 일종의 뱁새의 무리수라고 할 수 있다.

- 경제력(이윤, 소득, 임금, 연금, 자산) 격차는 정당한 격차(생산성)와 부당한 격차(지대 수취력, 즉 초과이익)의 중첩으로. 전자는 상향평준화(생산성 향상)를 통해, 후자는 규제개혁 및 개방 경쟁과 '을'의 대항력 강화를 통해 축소한다.

- 특별히 노동지대, 공공지대, 독과점(갑질) 지대를 축소한다. 이를 위해 선택권 및 거부권(대항권)의 균형을 회복하도록 노동관계법을 개혁한다. 그 핵심은 파업시 직장 점거 금지와 대체인력 투입의 허용이다.

원자력 중흥

독일, 스위스, 대만 등의 탈원전 정책 수립, 추진, 변경은 의회를 중심으로 충분한 국민적 숙의 과정과 국민투표까지 거쳤지만 문재인정부는 전혀 아니었다. 문재인정부의 탈원전 정책의 근거와 절차는 너무나 부실하다. 한국은 독일, 스위스와 달리 유사시 전기를 사올 수 있는 나라가 없다. 에너지 공급에 관한 한 섬이나 마찬가지다. 스웨덴, 노르웨이와 달리 수력 등 재생 에너지원이 절대 부족하다. 미국, 몽골과 달리 사막 등 태양광 패널을 설치할 황무지도 별로 없다. 한국의 탈원전 정책은 문재인 대통령의 무지, 독선, 아집과 민주주의에 대한 완전한 몰이해에 근거한 것이다. 2019년 12월에는 7,000억 원을 들여 수리하여 향후 30~40년 사용가능한 월성 1호기를 정부 거수기에 불과한 인사들이 다수를 차지한 거버넌스에 의해, 역시 부실한 근거를 기반으로 영구 폐기를 결정하였다.

- 신한울 3·4호기 건설을 일단 재개하여, 원전산업 생태계의 고사를 막는다.

- 탈원전을 선언한 독일, 스위스, 이탈리아, 오스트리아의 민주적 숙의절차를 참고하여, 국가 에너지 공급전략 대계를 친원전

및 반원전 전문가들과 국회와 정부가 참여하는 국민 공론화 기구를 통해 충분한 숙의를 거친다. 탈원전 정책을 폐기한다고 해서 태양광, 풍력 등 신재생 에너지의 가능성과 비중 확대를 부정하는 것은 아니다.

주택·부동산 개혁

주택·부동산 문제는 살고 싶은 곳에, 사람의 생애주기와 바뀐 생활양식 등에 맞는 적정한 구조 및 가격의 재화를 공급하는 문제이다. 이는 자가소유(매매) 형태일 수도 있고, 임대(월세나 전세) 형태일 수도 있다. 공공이 공급할 수도 있고, 민간이 공급할 수도 있다. 적정한 혼합 비율은 나라에 따라 시대에 따라 달라진다.

주택·부동산은 사용가치와 교환가치를 가진다. 특히 급격한 통화팽창 시대에는 화폐나 주식보다 안정적 가치 저장 수단이자 투자 수단일 수 있다.

최근에 일어난 서울과 (서울 접근성 좋은) 수도권의 부동산 가격 폭등 문제는 세대(가구) 분리 및 증가에 따른 수요 증가, 4차 산업혁명 시대 기회(지식산업)의 서울·수도권 집중에 따른 수요 증가, 주택 공급 부족, 통화팽창에 대한 화폐 가치 하락 우려와 저금리의 지속, 건축 노임 및 자재비 인상에 따른 신규 건축비 상승, 중국과 미국 등 해외로부터의 투자 수요 등이 중첩된 결과이다.

하지만 주택·부동산 가격 폭등은 어디까지나 서울과 수도권 일부 지역의 문제이다. 오히려 지방은 절대적, 상대적 가격 폭락이 문제인 곳도 많다. 관련 규제는 전국을 보면서 해야 한다.

주택·부동산 가격 폭등은 통화(원화, 달러화 등), 주식, 채권, 예금 등 비부동산 자산의 상대적으로 저조한 가격 상승 혹은 급격한 가격 하락에 대한 우려의 문제이기도 하다.

주택·부동산 문제는 세계적 보편성인 희소한 자원(위치), 저금리, 통화팽창, 지식산업으로의 기회 집중과 한국적 특수성인 서울·수도권으로 인구와 기회(일자리 등) 집중, 즉 지방의 저발전과 적은 기회의 문제가 중첩되어 있다.

한국 특유의 전세 제도는 개발연대 은행들의 주택담보 대출 규제와 가계 유휴자금의 금융(예금, 주식, 채권)시장에 대한 이유 있는 불신 및 기피와 관련이 있다. 개발연대에는 시장 금리와 은행 금리의 격차로 인해 은행 대출이 일종의 특혜로 여겨졌고, 정부의 제도·정책, 급격한 경제성장, 통화 가치 하락(인플레이션), 수요자의 취향 변화 등으로 인해 부동산·주택으로 고수익을 올릴 기회가 많았기 때문이다. 게다가 한국의 주식시장은 여전히 정보의 비대칭성이 심하여 가계유휴자금을 충분히 흡수하지 못하고 있다. 지금도 은행의 신용공급 역시 부동산 담보와 긴밀히 연계되어 있다. 그러므로 주택·부동산 정책은 기본적으로 시장 원리와 인간의 욕망을 있는 그대로 보는 데서 출발해야 한다. 또한 문제의 과거와 현재가 어떻게 달라졌는지도 살펴야 한다. 세계적 보편성과 한국적 특수성을 균형적으로 살펴 주택·부동산 정책의 기조로 삼는다.

 - 서울·수도권의 과밀, 혼잡, 주택난, 주거비, 부동산 가격폭등 문제 등은 기본적으로 지방의 인구·기업 흡인력과 기회·희망 창출력의 저하로 인해 생긴 문제이다. 그러므로 지방이 자신의 처지를 약진의 발판으로 삼아 인구·기업 흡입력을 키우는 법제도 개혁을 전제로, 서울·수도권은 도심 고밀도 개발(낮은 건폐율과 높은 용적율), 실효성 없는 대도시 주변 그린벨트 규제 등을 조정하고, 생애주기와 변화한 생활양식에 맞는 주택을 공급한다.

 - 결혼을 촉진하고, 신혼부부의 자가 소유를 촉진하기 위하여 신혼부부에 대한 금융권의 장기대출(모기지론) 제도를 활성화한다.

 - 저소득 신혼부부와 저소득 유자녀 가정에 대한 특별한 배려(공공임대 주택과 정부 보증론)는 지속한다.

- 자가보유율 60~70%와 적정한 공공임대주택 재고 확보는 내려놓을 수 없는 목표이다. 인간의 자유와 창의는 자유로이 처분할 수 있는 재산이라는 땅에 피는 꽃이다.

6절 지방자치 개혁

　지방자치는 자유를 지키는 핵심 수단이다. 권력을 최대한 주민 가까이 가져가는 것으로 자유민주주의의 근간이다. 고속교통망과 정보통신기술(ICT)에 의해 시공간이 축소되고, 소통을 가로막는 장벽이 획기적으로 줄어들었다고 해서 권력을 주민 가까이 가져가는 일의 중요성이 줄어드는 것은 아니다. 지금 한국의 많은 지자체가 공무원과 토호들에 의한 공직과 예산의 사적 전용 행위가 만연하다고 해도 지방자치의 필요성이 줄어드는 것은 아니다. 오히려 그럴수록 권력을 주민 가까이 가져가야 한다. 지방자치를 발전시켜야 한다.

　자유를 지키고 키우기 위해서는 주민의 눈과 귀와 손이 닿는 가까운 곳에서 공공재를 생산하거나, 자신이 소비자 선택권과 심판권을 발휘할 수 있는 시장에서 생산=구매하는 것이 최선이다. 개인·가족과 마을이 직접 생산하기 힘든 공공재를 비용 대비 편익을 엄밀히 따져, 자유·권리 위임과 의무·부담 이행 계약에 따라서 적절한 대리인, 기관, 제도에 생산 의뢰하는 것이 보충성 원칙의 핵심이다.

　자유민주주의의 기본정신은 자신의 자유, 생명, 재산 등을 국가(중앙정부, 지방정부, 공공기관), 성왕(성군), 성인, 위인, 수령, 대통령 같은 존재에게 책임져 달라고 요구하는 것이 아니다. 자신의 자유, 생명, 재산 등은 가능한 스스로 지키는 것이다. 개인(주민)- 마을- 지방정부- 중앙정부- 국제기구 간에 보충성 원칙과 비용편익을 엄밀히 따진 사회계약에 의해, 각자의 권한과 책임, 권리와 의무를 설정하는 것이다. 이는 지방이 각자의 특장점을 발휘하여 발전하기 위해서도 필요하다.

분권보다 자치 먼저

분권은 국가(중앙)에서 지자체(지방)로 권한과 책임을 이관하는 것이다. 동시에 국가 및 지자체의 권한과 책임을 시장, 사회(자치적 결사), 개인으로 이관·이전하는 것이다. 국가에서 지자체로의 분권 이전에 지자체에서 주민으로의 분권이 선행되어야 한다. 한마디로 지방분권이 아니라 주민자치가 먼저다. 지난 30년 동안 자조-참여-자치(자율책임) 정신으로 주민의 이해와 요구를 실현하는 '주민 자치'로서의 '지방 자치' 논의는 뒷전으로 가고, 지방자치단체장과 지방의회 의원과 지방 공무원의 재량권 확대 강화에 초점이 맞춰진 '지방 분권' 논의가 전면에 와 버렸다. 본말이 전도된 것이다. 그러므로 중앙정부가 가진 권한과 책임(예산, 인사, 특별행정기관 포함)을 지방으로 이전하는 지방분권 전에 지방정부(지자체장과 공무원)가 가진 권한과 책임을 주민에게로 이전해야 한다. 교육청(교육자치체)이 행사하는 권한과 책임도 지역 주민과 학부모, 단위 학교, 적정한 교육 자치체로 이전해야 한다. 요컨대 권한보다 책임이 먼저고, 지방분권보다 주민자치가 먼저고, 지자체로의 분권보다 주민(소공동체)으로의 분권이 먼저다. 분권은 권한뿐만 아니라 책임의 이전이기에 실제 책임을 질 수 있는지, 책임을 물어 권력을 행사하는 존재를 응징할 수 있는지를 살펴야 한다.

대통령의 과도한 권한을 국회나 책임 총리에게 주자는 얘기는 많이 하지만, 지방으로 주자는 얘기는 듣기 힘들다. 그런데 '지방으로'가 가장 근본적인 해결책이다. 이는 정치 기득권 조정 문제요, 지방의 권한과 책임의 일치, 자리와 실력의 조응, 민주적 견제와 균형의 문제이다.

광역은 더 크고 강하게, 기초는 더 작고 유연하게

근본적으로 광역은 연방국가의 주처럼 더 크고 강하게, 기초는 실질적인 주민자치가 가능하게 지금보다 훨씬 작고 유연하게 해야한다. 시험삼아 제주특별자치도부터 선진국 주 정부 수준으로 자치권을 확대할 필요가 있다. 동시에 훨씬 많은 특별자치시, 특별자치군, 특별자치섬, 특별자치면(面) 또는 리(里)도 만들고, 대도시에서는 특별자치동, 특별자치 아파트단지 실험도 해야 한다. 광역은 공공, 노동, 교육, 경제·규제 관련 정책 실험을 할 수 있도록, 선진국 주정부 수준의 자치권(인사조직권, 입법권, 재정권 등) 을 갖되, 권한에 상응하는 책임을 부여해야 한다. 단적으로 정책 실패 시 공무원의 대량 해고와 임금 삭감도 가능할 수 있어야 한다. 지방행정체계의 단층제, 2층제, 3층제도 연방정부 수준의 자치권을 부여받은 광역지방자치단체가 자율적으로 결정하도록 해야한다. 당연히 헌법, 선거법, 정당법을 개정해야 한다.

중앙–지방–시장·민간 간 역할 재설정

중앙정부와 지방자치단체가 수행해 온 수많은 사무 하나하나에 대한 평가와 공공서비스(사무) 품질 및 주민 만족도 향상 방안을 먼저 도출해야 한다. 이를 근거로 서비스 공급 주체와 권한, 예산을 재설계 해야 한다. 예컨대 지방자치단체의 재량권이 거의 없는 보편복지 서비스는 중앙정부가 재원과 공급을 전담해야 한다. 그리고 국가위임사무는 따로 모아 독자적인 조직(국이나 실)을 만드는 것을 검토할 필요가 있다. 교육, 고용(근로기준 등), 공무원의 고용·임금, 인사조직 관련 규제는 연방 수준의 권한과 책임을 가진 광역 지자체의 자율책임으로 해야 한다. 그 전에는 총액 인건비 한도 내에서 지자체의 자율책임으로 해야 한다. 직업공무원에 대한 정년보장은 대학의 테뉴어처럼 제공해야 한다.

교육자치를 수도권에서 먼 지방부터 먼저 실시하고, 교육자치와 행정자치를 통합한다. 정서나 관행을 고려할 때, 통합(지자체장의 교육감 임명)까지는 아니라도 최소한 러닝메이트제는 필요하다. 수도권에서 먼 지방의 읍면에 경제자유구역이 아니라 교육자유구역을 만들어야 한다. 이를 위해서 초중등교육법령과 국가교육과정을 대폭 축소하여, 복수의 지방 교육과정들이 경쟁하는 구조로 만들어야 한다.

지방세제 개혁

지방재정제도를 세금부담능력(응능성)과 서비스의 수혜자 부담원칙(응익성) 등을 고려하여 재설계한다. 지자체가 행정서비스 품질을 올리면 수입(지방세)이 늘어나고, 공무원들의 고용이 늘어나고, 임금도 올라갈 수 있는 구조로 만들어야 한다. 역으로 기업처럼 수입이 줄어들면 인력사업을 구조조정할 수 있도록 해야 한다. 지자체도 방만하면 파산할 수 있는 구조여야 한다. 오랜 지방 불균등 발전전략과 국가규제 등을 감안하여 저발전 지역의 재정력을 전향적으로 조정하고, 지자체의 투명성(정보공개 등)을 획기적으로 강화한다. 지방부터 안심소득을 도입하여 인구를 분산하고 수도권 집중을 완화한다.

7절 교육개혁

한국 교육은 공급과 수요가 양적으로도 질(내용)적으로도 크게 어긋나 있다. 즉 교육 과정 및 인력(교사 등)과 학령 인구, 사회, 산업, 기업, 학생, 학부모의 요구가 크게 어긋나 있다. 그로 인해 교육 자원(예산, 인력, 시간 등) 투입의 효과성과 효율성이 크게 떨어진다. 국가가 공급=배급하는 모든 재화와 서비스가 그렇듯이 국가가 주도적으로 공급=배급하는 교육(과정, 인력, 시설, 예산 등)은 산업 및 사회의 수요에 유연하게 대응하지 못한다. 한국의 교육문제 중에서 압도적으로 많이 이슈화된 것이 대학입시의 공정성 문제였다. 특목고, 정시와 수시 비율, 학생부 반영 비율 등이 그것이다. 하지만 한국 교육이 안고 있는 문제의 극히 일부분이다. 한국 교육은 한때는 저비용 고효율의 세계적인 모범이었는지 모르지만, 지금은 고비용 저효율의 전형이 되었다. 교육 문제의 절반 이상은 교육 체제가 아니라 정치, 경제(고용) 체제에 있다. 그렇다고 해서 외부만 탓할 수는 없다. 동시에 고쳐야 한다.

한국에서 교육과 시험을 통해 제공되는 학위·학벌과 자격·면허증은 지대(특권, 특혜)를 얻는 핵심 수단이다. 교육과 시험이 평가, 검증하는 관문 통과 여부에 따라 사람의 팔자가 바뀌다 보니 교육과 시험의 공정성이 최고의 가치가 되어 버렸다. 그에 따라 상대평가가 의무화되는 등 교육의 본말이 전도되었다. 그러므로

20세 전후하여 입학한 학교, 학과에 의해서 운명이 결정되는 사회가 아니라 평생에 걸친 학습을 통해 직무 능력(노동생산성)을 향상시켜 나가고, 그에 상응하여 처우와 지위가 결정되는 개방적이고 유연한 실력사회를 만드는 것이 교육문제는 물론 고용노동문제를 해결하는 킹핀이다.

- 한 번의 관문 통과(학위, 면허 취득) 시험으로 평생을 가는 특권을 보장하는 제도와 관행을 혁파한다. 특정 면허증 취득, 자격시험 통과가 신분의 수직 상승이요, 안정적 고소득을 보장하는 선진국은 없다. 실력있는 사람, 실물을 잘 아는 사람, 실전에 강한 사람을 학위·학벌을 근거로 차별·배제하는 풍토를 일소한다. 대학 이상의 학위가 입사 지원, 자격시험 응시, 직무 자격 요건으로 되는 모든 차별 배제 조건을 재검토하여 학력, 학위, 자격증에 따른 부당한 배제와 차별을 철폐한다. 공공부문과 교육부문이 진짜 솔선수범할 것이 있다면, 학위·학벌을 근거로 한 제반 배제와 차별을 최소화하여 교육의 지위재 성격을 약화시키는 일이다. 교육은 교육기관(대학, 초중고)만 하는 것은 아니다. 사설학원, 가족, 직장(기업), 미디어(언론 등), 사회·공동체(종교단체, 친목 모임 등) 등에서도 한다. 하지만 학령기에 공교육 기관이 압도적으로 많은 비용(예산)을 쓰기에 집중적으로 조명받는 것은 당연하다.

- 국가교육규제와 국가교육과정을 대폭(50% 이하로) 줄이고, 지방정부와 개별 학교의 교육 자치·자율권을 확대한다. 이는 서울, 수도권, 충청권이 아니라 수도권에서 먼 지방, 그것도 낙후된 군 지역에 먼저 부여한다.

- 교육 자치와 지방(행정)자치를 통합하기 위해 교육감 선거제도를 지자체장과 러닝메이트 제도로 바꾼다. 낙후된 지방을 중심으로 교육 특구를 허용한다. 국가(권력)의 과도하고 부적절한 교육 관여와 개입을 줄여, 즉 국가가 아닌 지자체와 산업 및 사회(지역 상공인 단체)가, 교육 공급자가 아닌 소비자(학생, 학부모)가 교육과정 구성과 교육 거버넌스 구조에 좀 더 깊이 참여하도록 한다.

- 소질, 적성, 학습능력 및 수준이 천차만별인 개인의 교육 수요에 부응하기 위해 학교의 벽, 학년의 벽, 연령의 벽, 온·오프라인의 벽, 상대평가 시험의 벽을 없애거나 낮춘다.

- 고등학교만 졸업해도 살 만한 세상을 만든다. 필요에 따라 대학에 진학하는 제도와 문화를 만들어 20세 전후한 시기의 대학 진학률을 50% 수준으로 유지한다. 하지만 평생에 걸친 대학 진학률은 70%가 넘을 수도 있다. 필요에 따라 대학을 가는 문화

와 제도를 만든다.

 - 입학이 곧 졸업인 관행을 혁파한다. 공부할 의사와 능력이 없음에도 불구하고 '묻지마 대학 진학' 문화와 입학만 하면 졸업을 보장하는 대학 학사운영 관행도 타파한다. 소질·적성·학업 능력과 학과가 맞지 않는 사람을 위해 중간에, 큰 손실 없이 진로를 변경할 수 있는 기회가 많이 주어지도록 한다. 학업 성적이 저조하면 중도 탈락이 되도록 한다. 하지만 중도 탈락이 곧 헤어날 수 없는 나락으로 추락하는 것이 되어서는 안 된다. 입학이 졸업인 관행과 입사가 곧 정년보장인 관행을 없앤다.

 - 직업 교육과정, 직업교육 기관, 직업고교를 늘려, 산업 및 기업의 수요에 맞추도록 한다. 고령화와 직업과 기술의 수명 단축에 따라 평생교육을 강화한다. 야간대학, 사이버대학, 공장대학 등을 늘린다. 40~60대의 2모작, 3모작 인생 준비에 필요한 평생교육 프로그램과 관련 예산을 획기적으로 늘린다. 40세 이상된 전 국민에게 5년에 한 번씩 평생학습 쿠폰(100만 원)을 지급한다.

 - 교육자치와 행정자치를 통합한다.

 - 저출산의 쓰나미에 노출된 대학이 구조조정을 원활히 추진

할 수 있는 여건을 조성한다. 특별히 한국 역사를 세계 및 동아시아 역사 속에서 이해하도록 역사·지리 교육 과정을 개편한다.

- 만 6세에 초등학교에 입학하도록 하고, 수월성 교육을 보장한다.

- 상무정신, 상인정신, 기업가 정신, 민주공화국의 시민의식을 함양하는 교육 과정을 개발한다. 동시에 사농공상식 사고방식을 주입하는 교육 과정을 청산한다.

8절 복지·연금·저출산 개혁

초저출산 대책

2002년경 본격화된 초저출산 문제를 해결하겠다면서, 역대 정부들은 수백조 원의 예산을 쏟아부었지만[3], 출산율은 40만 명대에서 15년을 버티다가 2017년부터 30만 명대로, 2020년부터 20만 명대로 추락할 예정이다. 크리스틴 라가르드 IMF 총재의 말대로(2017. 9) 한국은 '집단적 자살사회(collective suicide society)'라고 해도 과언이 아니다.

저출산 고령화에 따른 역삼각형 인구구조는 세대간 연대를 전제로 만든 공적연금제도와 건강한 젊은층과 노쇠한 노인층의 연대를 전제로 만든 국민건강보험제도도 뿌리째 흔든다. 역삼각형 인구구조는 이미 산업현장, 교육현장, 내수시장 등 다방면에서 엄청난 후폭풍을 초래하고 있다. 지방 중소도시와 농촌부터 급격한 공동화가 일어난다. 학생수 급감으로 존속이 곤란한 지방대학들이 속출하고, 학교 폐교에 따라 학교를 앵커로 형성되었던 지역공동체(경제권)가 산산조각 나고 있다.

한국의 저출산 문제는 세계적 보편성으로 환원할 수 없다. 저

---

3) 2016년~2020년의 정부가 지출한 저출산 예산은 총 150조 원인데 이 중 주거, 고용, 교육 등에 투입된 간접지원 예산이 절반 가까운 69조 3390억 원이다.

성장 탓이라고 할 수도 없다. 일본과 달리 시간이 해결해 줄 수 없다. 세계 최악의 저출산·고령화는 OECD 최악의 세대 약탈 체제에 대한 청년세대의 응전이자 미래세대의 복수이다. 저출산 문제와 청년실업 문제 등 오래된 고질병은 예신 투입 등 대증요법으로 해결할 수 없다. 한국의 초저출산 문제도 다른 문제들처럼 세계 보편적 문제와 한국 특수적 문제를 구분하고, 전자는 선진국(선발국)의 성공과 실패를 반면교사로 삼아 해법을 도출하고, 후자는 우리만의 창의적 해법을 도출해야 한다.

20세기 이후 남녀평등에 더하여 여성 경제활동 참여의 증가와 고학력화, 여성의 요구, 기대의 상향에 따라 고학력 직장 여성 중심으로 결혼 연기·기피와 출산 연기·기피는 세계적 보편현상이다. 여성이 결혼하면 훨씬 많은 가사노동을 분담하는 문화와 시댁이 주는 스트레스 등은 동아시아 유교문화권 국가(한국, 대만, 홍콩, 마카오, 싱가포르)의 보편성이다. 한국 특수적 문제는 출산 육아 비용(물질적 결핍)의 문제라기보다는 미래에 대한 암울한 전망(희망의 결핍)과 너무 높은 눈높이와 결혼 당사자간 상호 현격히 차이가 나는 요구·기대 수준에 있다.

- 결혼 문턱을 낮추고, 출산 육아 부담을 획기적으로 줄이도록 신혼부부에 대한 조건부 정부 대출(1억 원) 제도를 도입하되, 자녀 1명이면 이자 면제, 2명이면 반액 탕감, 3명이면 전액 면제

한다.

- 유자녀 신혼부부 가구(3인 이상)에 안심소득을 선 적용한다.

복지·연금 개혁

대한민국의 복지(사회안전망)는 개인과 가족이 당면한 위험을 제대로 분산, 완충해 주지 못하고 있다. 다시 말해 전통적이고 보편적인 사회적 위험, 즉 실업, 산재, 질병, 노령, 직업능력 상실, 부양자 사망, 임신- 출산- 양육, 빈곤을 제대로 완충해 주지 못하고 있다. 그뿐 아니라 한국 특유의 사회적 위험이자 새로운 위험, 즉 중국과 제4차 산업혁명으로부터 오는 강력한 구조조정 압력, 보건의료 기술 발전에 따른 장수(고령화), 출산에 따른 너무 높은 기회비용과 초저출산, 핵가족화와 1인 가구의 증대, 사회적 고립 등도 제대로 완충해 주지 못하고 있다.

대한민국 복지는 부담과 혜택의 균형이 맞지 않는 지속불가능한 복지요, 복지가 가장 필요한 계층을 내팽개치는 비정한 복지요, 포퓰리즘적 선심성 복지다. 복지 수요자가 아닌 복지 공급자 중심 복지요, 공공양반사회(관존민비사회), 직장계급사회를 강화하는 복지다. 대한민국의 복지 지출은 이른바 철밥통을 가진 공무원 등 특수직 연금 가입자와 안정된 직장을 가진 국민연금

장기 납부자 등 중산층 이상 노인들에게 너무 많이 제공된다. 이들은 낸 돈에 비해 너무 많이 받아 간다. 무책임하고 비효율적인 사회안전망은 성, 연령별 자살율이 웅변한다. 최근 들어서는 일가족 동반자살의 폭증으로 나타난다.

인간의 수명을 제외한 모든 존재들의 수명이 짧아진 시대, 평생 직장과 직업이 급속히 줄어드는 시대, 다시 말해 고용과 실업과 전직 관련 교육·학습이 빈번한 시대는 고용보험과 국민연금의 대전제가 흔들린다. 사실 한국의 높은 자영업자 비중과 높은 불완전 고용 비중으로 인해 이 두 사회안전망에는 거대한 사각지대가 있었다. 기초연금이 도입되어 이를 완충하긴 하지만 한계가 있다.

－ '중부담 저복지'의 가렴주구 국가를 '중부담 중복지'의 정상적인 복지국가로 바꾼다. 가구 중위소득[4]을 기준으로 미달하는 부분의 40~50%(보충급여)를 '선지급 후정산'하는 '안심소득'을 도입하고, 이를 토대로 노동개혁, 공공개혁, 규제개혁, 복지개혁을 추진한다. 부실하기 짝이 없는 복지제도를 내실 있게 만드는 일을 방해하는 포퓰리즘의 전형인 기본소득을 배격한다.

4) 2021년 가구 중위소득은 1인가구 182만7831원, 2인가구 308만8079원, 3인 가구 398만3950원, 4인가구 487만6290원 5인가구 575만7373원, 6인가구 662만8603원이다. 현재 가구 소득이 중위소득의 30% 이하일 때 생계급여, 의료급여는 40%, 주거급여는 45%, 교육급여는 50% 이하일 때 지급된다. (즉 4인가구 기준 월소득이 146만3000원 이하면 생계급여, 195만원이하면 의료급여, 219만4000원 이하면 주거급여, 243만8000원 이하면 교육급여를 받을 수 있다)

- '관존민비'형 공무원연금제도와 인구가 급감한 후세대에 과중한 부담을 떠넘기는 '세대착취'형 국민연금제도를 개혁한다. 시급히 공무원연금을 개혁하고, 중기적으로 공무원연금과 국민연금을 통합한다.

- 건강보험 수가 결정 거버넌스와 수가 구조를 개혁한다. 상병傷病구조에 적합하게 의료서비스 공급체계로 개혁하되, 특히 예방 의료를 강화한다. 의료산업을 미래 먹거리 산업으로 보고 육성한다.

- 부모보험(Parental Insurance)을 도입하여 육아휴직 급여 상한을 2배 이상(월 200만 원까지) 인상한다. 출산 및 양육 편의를 위해 아동 수당을 도입하고 인상하고 확대한다.

- 복지재정이 집중적으로 투입되는 의료, 보육, 교육, 노인복지 분야 등에 기업가적 야심이 충만한 민간 공급자의 비중이 너무 높은 현실을 직시하여 이들의 자본 투자는 인정하되, 투명성 제고를 통해 복지 지출의 편법적 전용 등 누수를 방지한다.

9절 정신문화 개혁

1987년 이후 대한민국 역사는 대중의 정치참여와 정치적 영향력의 확대, 강화의 역사였다. 주권재민- 보통선거- 다수대중 지배라는 민주정의 외형을 빠르게 갖추어 온 역사였다. 2016년 가을부터 일어난 박근혜 탄핵 대규모 촛불시위를 계기로 대중이 권력의 실질적 주인이 되었다. 자신의 정체성을 민주, 진보, 노동, 민족, 평화 등으로 표현하는 대중 혹은 반일, 반독재, 반재벌, 반신자유주의, 친노조(노동권 강화), 친국가규제(국가주의) 성향이 강한 촛불 군중이 권력을 거머쥐었다고 할 수 있다.

저수지 수위가 낮아지면 바닥에 쌓여 있던 온갖 쓰레기들이 드러나듯이, 문재인으로 대표되는 촛불 군중이 권력을 휘두르면서 이들의 정서, 지성, 덕성 혹은 정치철학, 경제철학, 외교안보철학과 이들이 딛고 서있는 역사·현실인식 등이 국정에 강력한 영향을 미치게 되었다. 역대 그 어떤 정권보다 열성 지지층의 안목, 정서, 요구에 철저히 부응해 온 문재인 정권의 지난 3년 반에 걸친 폭정과 실정은, 이승만에서 박근혜에 이르는 역대 정권들이 시민적 지성 및 덕성 함양에서 철저히 실패했다는 것을 말해 준다. 민주공화국의 정신문화적, 사상이념적, 법·제도적 기본이 전혀 갖춰져 있다는 것도 확인되었다.

주권재민을 표방하는 민주주의 국가는 어디나 다수·대중이 권력의 실질적 주인이라고 믿고, 또 그렇게 선전한다. 하지만 선진 민주국가에서 다수·대중은 지성과 덕성이 비교적 앞서 있는 대의 자(정당과 의회 등)나 여론 주도층에 의해 대표되고 인도되어 왔 다. 이들은 공화주의의 기둥인 공공선과 시민적 덕성을 어느 정 도 체현했고, 법치주의와 삼권분립의 원리 등을 숙지하였고, 외 교안보 전략의 복잡미묘함도 이해하고 있었다. 적어도 국내에서 만 통하는 도덕률로 함부로 재단할 수 없다는 것, 국제정치는 홉 스적 세계라는 것 등을 숙지했다. 대중은 이를 알고 암묵적으로 정치 엘리트들에게 위임해 왔다고 할 수 있다.

역사적으로 정치 선진국들은 왕과 귀족에 맞서 '시민혁명'을 주 도한 세력들은 성공한 상공인(부르주아지)이거나 법률가 등 전문 지식인이었다. 대체로 자유시장의 승자들이거나 지방행정이나 지방의회를 통해 능력을 인정받았거나, 법리 논쟁, 학술 논쟁, 시 사 현안 논쟁 또는 논평 등을 통해 일정한 권위를 획득한 법률가, 언론인, 사상이론가, 기업가 등이었다. 적어도 국가가 주관하는 공직시험이나 면허시험의 승자들이 아니었다. 선진민주국가들의 노동조합운동도 상층 숙련노동자(기술자나 장인), 변호사, 이론 가 등 전문기능인과 지식인들이 주도하였다. 그런데 한국의 노조 운동은 19~20세기 서구의 그것과 달리 직무에 따른 노동시장의 공정가격을 형성한다는 생각이 없었다. 자본주의 생산양식을 바 꾸어 전체 노동계급과 국민 다수의 삶을 책임진다는 사상이론도 없었다. 단지 '단결하면 힘 생기고 투쟁하면 기업의 잉여를 더 많이 쟁취할 수 있다'는 생각에 머물러 있었다. 요컨대 선진국은 외교안보 담론은 말할 것도 없고, 정치정책 담론의 대부분을 국민 전체를 책임진다는 생각이 확고한 정치 엘리트들이 주도적으로 끌어갔다. 이들은 정당을 결성하여 국정운영 철학과 경세방략를 공유하고 숙성시켰다. 하지만 한국은 정당이 부실한 상황에서 SNS를 통해 적극적으로 발언하고 결집도 하는 대중들이 복잡미묘한 고용노동 현안이나 외교안보 현안(북핵 문제, 남북관계, 한일관계 등)에 대해 과감하게 발언하고 영향력을 행사해 왔다.

그런데 한국에서 4.19, 6.10, 촛불혁명(?) 등 사후적으로 시민혁명이라 불리는 시위를 주도한 사람들은 대학생, 화이트칼라, 노조원과 노무현의 죽음에 분노한 '깨어 있는 시민'들이었다. 특히 촛불혁명(?)을 주도한 사람들은 대체로 1980년대 운동권의 철학, 가치, 정서를 내면화했거나 국가나 노조의 보호를 받는 성안(소득 상위 10%) 사람들이었다. 요컨대 자신의 생명과 재산을 걸고 투자를 하거나 고용을 해 본 사람은 드물었다. 담론의 자유시장에서 수많은 논쟁을 거쳐 지적 권위를 획득한 엘리트들도 지도력을 행사하지 못했다. 김어준의 영향력이 그것을 말해 준다. 요컨대 이들 행동하는 민주·진보·노동·평화 시민들은 복잡미묘한 기업경영과 국가경영을 깊이 고민한 사람들이 아니었다. 지속가능한 경제와 사회라는 난해한 문제는 이들의 지성과 덕성으로는 이해하기 어려웠다.

설상가상으로 문재인과 집권연합세력의 핵심들은 지성과 덕성에서 촛불 군중에 비해 그다지 나은 점이 없었다. 문재인은 지성에 관한 한 오히려 촛불 군중의 중간이나 하위에 있는 사람이라고 해도 과언이 아니다. 강한 포퓰리스트적 성향은 대중, 특히 성안 사람과 문재인을 일체화시켰다. 그래서 다수 대중의 정신문화(무지, 욕망, 격정, 공포, 상처, 정서) 내지 역사관, 세계관, 가치관 등이 엄청나게 중요한 문제가 된 것이다. 1987년 이후 정치 리더십과 정당의 대중 장악력은 시간이 갈수록 뒷걸음질 하고 있다. 컴퓨터, 인터넷, 스마트폰의 등장에 따라 여론을 정제하고 선도해 온 유력 언론 매체의 영향력도 퇴조하고 있다. 이는 진보와 보수를 가리지 않는다. 반면에 SNS로 소통하고 결집되고 행동하는 격정적이고, 즉물적이고, 불신 가득하고, 선동에 쉽게 휩쓸리는 '수십 수백만 정치 대중'의 정치적 영향력은 점점 커지고 있다.

국민이 주인인 민주국가에서 정치 위기는 대중의 정신문화에서 비롯된다. 1987년 이후 30년이 흐르면서 대한민국의 경제력, 기술력, 재정력, 기본권, 대외개방과 국민의 견문 수준에 비해 대중의 정신문화와 정치의 수준이 한참 뒤처진다는 것은 의심할 여지가 없다. 민주화, 자유화(언론·출판·집회·결사의 자유 증대), ICT기술 및 활용과 교통수단의 발달, 4.19, 6월항쟁, 촛불시위로 정권을 크게 흔들거나 바꾼 경험 등으로 인해 대중의 정치적 영향력은 점점 커졌지만, 그에 상응하는 지성과 덕성의 성장이 지체되었다.

문재인 정권이 극적으로 드러내고 있는 대한민국 위기의 근원은 대중이 명실상부한 정치·권력의 주체가 되었지만, 그에 상응하는 지성과 덕성이 성장하지 않았다는 데 있다. 문제는 진보와 보수, 좌파와 우파, 자유진영과 민주진영은 말할 것도 없고 지식인, 전문가, 관료와 보통시민, 정치지도자도 대중과 크게 다르지 않다는 사실이다. 자유민주주의 체제를 유지하는 한 다수 대중의 역사인식, 감정반응, 정신문화, 사상이념을 바로 세우지 않고서는 대한민국 위기 타개는 불가능하다. 하지만 정신문화와 사상이념은 불가침의 자유 영역에 속하는 것이기에 국가·권력으로 거칠게 바로잡을 수도 없고, 잡으려고 해서도 안 된다. 자칫하면 2015년 가을, 박근혜정부에 대한 지지와 신뢰를 크게 실추시킨 국정역사교과서 파동 같은 일이 벌어질 수 있다.

현재 한국의 다수 대중을 지배하는 사상인 국가(권력만능)주의는 사적자치에 대한 무시다. 도덕 제일(만능)주의는 실물, 실용, 실력에 대한 무시다. 도덕제일주의가 사농공상의 위계서열을 낳고, 빈곤을 부끄러워하지 않고, 근로를 천시하고, 정사 이분법으로 세상을 재단하여 파괴적 정치 갈등을 초래하고, 우물 안 개구리 수준의 국제적 안목을 지식사회에 널리 확산시켰다. 친북, 반일로 집약되는 혈통주의적 민족주의는 헌법적 가치에 대한 부정이자 자유, 민주, 공화 등 근대적 가치를 공유하는 문명국간 연대를 기피하게 만들었다. 가족주의, 연고주의는 보편주의와 실력주의에 대한 무시이다. 공짜추구·지대추구·약탈주의는 제 몫, 제값, 제 자리 개념의 부재의 산물로 시장원리에 대한 억압에서 기인한다. 설마주의는 적국의 말과 선의에 기대어 명백한 위험에 대비하지 않는 어리석음의 극치이다. 소수의 공직 쟁취가 아니라 사회를 진짜로 바꾸고자 하는 정당이라면 정신문화 개혁보다 더 중요한 일은 없다.

- 우리는 조선과 대한민국을 관통하는 질긴 국가주의를 타파한다. 이를 위해 개인주의와 보충성 원칙에 기반한 사적자치(시장자치와 공동체자치)와 지방자치를 확대 강화한다. 권력의 관여, 개입 범위 자체를 좁히고, 권력에 대한 종적·횡적 견제와 균형을 발전시킨다. 도덕주의는 인간의 인식과 윤리의 한계를 통찰한 좋은 법제도로 극복한다. 가족주의와 자리 중심주의는 국가규제 혁파와 실력주의로 극복한다. 반일민족주의는 자유, 민주, 공화, 개인, 시장 등 문명의 가치를 중심에 둔 보편주의로 극복한다.

- 우리는 언론사 교육기관(중고교, 대학, 교양), 출판사, 영상콘텐츠 제작사, 문화예술 연구단체나 소설, 시나리오, 시, 노래, 유튜브 제작자들과 더불어 역사와 현실에 대한 무지와 착각을 깨치

고, 편향된 인식을 바로잡는 다양한 사업을 벌인다.

  - 한 사회의 정신문화의 상징인 지폐 인물을 바꾸는 운동을 전개한다. 한국의 지폐 인물은 조선의 왕(세종), 장군(이순신), 성리학자(퇴계와 율곡)와 그 어머니(신사임당)이다. 상인, 기업인, 과학기술자, 의료인, 작가는 없다. 경세제민을 잘하여 국리민복을 증진시킨 정치인(대동법 시행에 혁혁한 공을 세운 김육 등)도 없다. 아프리카 등에서 빈곤과 질병을 퇴치한 성자(이태섭 신부) 같은 사람도 없다. 그러므로 국민적 숙의를 거쳐 안창호, 이병철, 정주영, 이태섭 신부 등 근현대사 인물로 바꾼다.

- 끝 -

자유대연합 정당 출범 선언문

광화문 자유대연합 정당 출범 선언

우리는 2019년 10월 3일 광화문에 집결한 100만 시민의 뜨거운 함성을 기억하고 있습니다. 10월 시민항쟁은 문재인 정권의 폭정으로 무너져내리는 대한민국을 더는 앉아서 두고 볼 수 없다는 자유시민들이 분연히 떨쳐 일어난 위대한 정치혁명의 신호탄이었습니다. 4.15총선을 계기로 고삐 풀린 폭정과 야만은 자유시민의 정치 조직을 더욱 절실하게 요구하고 있습니다.

우리 시민들은 자칭 민주, 진보, 노동, 평화 팔이들의 파렴치하고 뻔뻔스런 행태에 입을 다물지 못하고 있습니다. 비핵화 사기극과 안보 자폭, 외교 자폐와 역사 왜곡, 경제 자살과 고용 학살, 법치 파괴와 원전 고사, 코로나 역병을 빙자한 국민기본권 말살과 서민경제 압살에 경악하고 있습니다. 버스로 급조한 광화문 '재인장성長城'과 코로나 방역을 빙자한 몰상식한 탄압은 여기가 자유민주주의 대한민국이 맞는지 의심하게 합니다.

10월 시민항쟁의 위세에 웅크리고 있던 유권有權 무죄, 무권無權 유죄의 야만이 4.15총선을 기화奇禍로 부활하고 있습니다. 산업재해가 터져도 관官은 무죄 민民은 유죄로 모는 관존민비, 사농공상의 조선이 거세게 부활하고 있습니다. 자유인의 공화국 대한민국이 망한 조선과 김씨 조선으로 퇴행하고 있습니다. 위대한 자유정신과 근대적 문명이 질식하고 있습니다.

가장 경악스럽고 절망스러운 것은, 이 지독한 퇴행과 야만에 맞서 싸우리라 기대한 무려 100석이 넘는 자칭 자유·보수 야당의 무기력과 기회주의입니다. 김종인과 국민의힘은 배신과 퇴행의 극단입니다.

국민의힘은 혼魂이 없는 정당입니다. 소명을 잊었고, 대의를 버렸습니다. 자강의 패기도 없고, 이념적 자부심도, 통 큰 단결 의지도 없습니다. 자신의 혼과 이념에 대한 자신감과 자부심이 없으니, 애국심과 투지가 넘치는 광화문광장 투쟁 시민들을 '극우'나 '아스팔트 우파'라고 배척했던 것입니다.

'국민의힘'은 성찰과 반성이 없는 정당입니다. 앞에서는 통합과 내려놓기를 고창하면서도 뒤돌아서면 정치 기득권 유지에 여념이 없던 당권파의 표리부동한 모습, 특히 공천 추태와 선거 전략 오류에 대한 성찰과 반성이 없습니다. 4.15총선의 패인인 부동층 지지 회복 부족의 원인을 완전히 헛짚고 있습니다. 광화문광장 투쟁 시민들과 절연하지 못해서랍니다.

'국민의힘'은 배신 정치와 뺄셈정치가 골수에 스며든 정당입니다. 코로나 정치 방역에 짓밟히는 자유권·재산권·서민생존권에 대해 모르쇠하고, 8.15 집회 참가자들에 대한 방역 상식을 내팽개친 파쇼적 폭압을 견제하기는커녕, 극우와 선 긋기를 한다면서 오히려 옹호했습니다. 그 과오에 비해 너무나 가혹한 형벌을 받고 있는 두 전직 대통령의 억울함을 벗겨 주려고 노력하기는커녕 대리 사죄를 통해 치졸한 정치보복을 정당화했습니다. 초당적 협력으로 중도 외연 확장한다면서 온갖 위험을 무릅쓰고 기업을 경영하는 사람들을 교도소 담장 위로 걷게 만드는 중대재해기업처벌법 통과에 협력했습니다.

국민의힘은 보수 정당도 아니요, 중도 정당조차 아닙니다. 건국 정신과 헌법정신은 말할 것도 없고, 광화문 100만 시민의 정신과 방법에 대한 이해와 존중이 없으니 진정한 보수가 될 수가 없습니다. '지금 그리고 여기'의 모순부조리의 핵심을 알지 못하니, 시대에 적중하는 진정한 중도도 될 수가 없습니다. 그 종착지는 짝퉁 민주당, 바로 민주당 2중대입니다.

이런 당으로는 대한민국의 명운을 가를 올해와 내년의 대 결전 승리는 어렵습니다. 천우신조로 승리하더라도 위기에 처한 대한민국을 구할 수 없습니다.

야당 교체와 정치혁명이 필요합니다.

우리는 지킬 것은 확실히 지키고, 기릴 것은 제대로 기리는 자유·보수 이념을 기반으로, 자유·미래 세력과 보편 상식·양심 세력의 대동단결로 광화문 자유대연합 정당을 건설하여 위선과 남 탓에만 능한 수구·퇴행·종북 좌파를 척결하려고 합니다. 문재인과 주사파의 대한민국 파괴 책동을 분쇄하려고 합니다. 동시에 자신이 죽은 줄도 모르며 좌파 정권의 은폐된 동업자 노릇에 안주하는 기회주의적인 보수우파 참칭 야당을 혁파하려 합니다.

혼과 얼이 살아 있고, 비전과 정책이 튼실하고, 교육과 토론이 활발하며, 당원의 권리와 의무가 균형 잡힌 선진 정당을 건설하여, 자유와 희망이 넘치며, 인류 공영에 이바지하는 빛나는 자유 통일조국을 후손들에게 물려주려 합니다. 우리는 준엄한 역사적 부름에 온몸과 마음을 던질 것입니다. 광화문광장의 애국적 열정과 함성을 기억하고 공감하는 시민들의 뜨거운 지지와 성원, 그리고 참여를 바랍니다.

2021년 1월 13일
김대호 작성, 류석춘·이동호 감수